002

팸플릿 002

생태적 전환과 해방을 위한 기본소득

나는 국가로부터
배당받을 권리가 있다

하승수 지음

한티재

차례

| 2장 |

기본소득이 가져올 변화,
해방과 전환

| 3장 |

기본소득,
꿈이 아니라 현실로

'각자생존'과 '인터스텔라'에서
벗어나는 길

좀 엉뚱한 얘기로부터 시작해 보려고 한다. 삼성그룹 이건희 회장의 연봉이 얼마인지 혹시 아는가?

삼성그룹은 이건희 회장의 2013년 연봉이 0원이라고 한다. 무보수로 자원봉사를 하고 있다는 것이다. 그렇다면 삼성그룹 이건희 회장의 소득이 진짜 0원일까? 물론 그렇지 않다. 연봉을 안 받는지는 모르지만, 이건희 회장은 자신이 가지고 있는 주식에서 배당받는 돈만 해도 1년에 1,758억 원에 달했다(2014년 기준). 그냥 주식을 소유하고 있는 것만으로도 보통 사람이 상상할 수 없는 돈을 받는다. 이건희 회장이 받는 '배당'은 주식회사의 주주라는 자격으로 받는 것이다. 일하지 않고 주식을 가지고 있기만 하면 받는다.

그렇다면 주식이 없는 나는 한 푼도 배당받지 못하는 것이 당연한가? 좀 엉뚱한 질문이지만, 한번 생각해 볼 만한 질문이다. 이건희 회장은 주식회사의 주주라는 지위를 갖고 있다면, 나는 대한민국이라는 사회에서 살고 있고 국민/주민/유권자 같은 지위를 갖고 있다. 이 지위로부터 내가 '배당' 같은 것을 받을 수는 없을까?

이것이 이 책을 읽는 분들에게 던지고자 하는 질문이다. 이것은 엉뚱한 질문이 아니라 충분한 철학적, 실천적 근거를 가진 질문이다.

세 가지 의문

살다 보면 세상일에 대해 의문을 갖게 된다. 아래의 세 가지 의문이 나를 '기본소득' 또는 '시민배당'이란 것에 대한 관심으로 이끌었다. 내가 던지는 세 가지 의문 중에서 한 가지에라도 관심이 있다면 이 주제에 대해 관심을 가져볼 만할 것이다.

첫째는, "과거보다 물질적으로 풍요로워졌다는데, 왜 이렇게 '불안'하고 살기가 힘든가?"이다. '각자생존', '3포세대'(연애·결혼·출산을 포기한 세대) 같은 말들이 떠돌아다니고 있다. 한마디로 살기가 힘들다는 것이다. 청년들은 괜찮은 일자리를 찾기 힘들고, 노인들은 극심한 양극화를 겪고 있다. 40~50대들도 살아가기는 만만치 않다. 언제 해고될지, 지금 다니는 회사가 망하지는 않을지, 지금 하고 있는 가게가 앞으로 잘될 수 있을지 모르는 상황이다. "지금은 그럭저럭 살고 있지만 앞으로는 어떻게 될까?" 하는 불안이 모두를 짓누르고 있다.

이 문제가 경제성장으로 해결될 수 없다는 것은 분명하다. 한번 되돌아보자. 1992년 대한민국의 1인당 국민소득은 7천 달러 수준이었다. 그 시절 김영삼 전 대통령이 대통령으로 당선되면서 국민소득 1만 달러를 달성하겠다고 표방했다. 1만 달러만 되면 행복해질 수 있다고 얘기했다. 그런데 2014년 대한민국의 1인당 국민소득은 2만 8천 달러가 되었다. 1992년보다 4배 정도로 늘어난 것이다. 그런데 우리가 사는 것은 어떤가?

경제는 성장했지만, '괜찮은 일자리'는 오히려 줄어들었다. 자동화·정보화가 진행되면서 이런 현상은 더욱 심해지고 있다. 은행의 예를 들어 보자. 지금은 금융거래의 90퍼센트 이상이 인터넷뱅킹, 모바일뱅킹, 현금지급기를 통해 이뤄진다. 그래서 은행들은 점포를 줄이고 있고, 인력도 줄이고 있다. 2014년 9월 2일자 『연합뉴스』 보도에 따르면, 은행들은 1년 사이에 전체의 5퍼센트에 해당하는

270개의 점포를 폐쇄했다. 은행마다 100~600명씩 인력도 줄였다고 한다. 이런 식으로 일자리는 줄어든다. 그나마 만들어지는 일자리는 저임금·불안정 일자리이다. 당장에는 어떻게 먹고산다고 하지만, 미래가 걱정이다. 그러니 경쟁은 점점 더 심해지고, 삶은 불안하다. 이런 늪으로부터 벗어날 방법은 없을까?

둘째는, "왜 이렇게 불평등한가?"이다. 대한민국의 불평등이 얼마나 심한지는 여러 통계가 보여준다. 소득분배의 불평등도를 나타내는 지니계수(0에 가까울수록 평등, 1에 가까울수록 불평등)는 1990년 0.266에서 2012년 0.310으로 증가했다. 그만큼 불평등이 심해진 것이다. 소득 상위 20퍼센트의 소득은 하위 20퍼센트 소득의 4.66배였지만(2003년 기준), 2013년에는 5.7배가 되었다.

부동산 같은 자산소유의 불평등은 더 심각하다. 자산소유의 불평등을 지니계수로 표현하면 0.6~0.8 사이가 나온다.[*] 소득분배의 불평등보다 자산소유의 불평등이 훨씬 더 심한 것이다. 2006년 기준으로 토지소유자 상위 10퍼센트가 전체 토지의 76퍼센트 이상을 소유하고 있을 정도이다.

국회 보좌관으로 일하며 부동산 문제를 파헤쳤던 손낙구는 『부

---

[*] 김윤상·조성찬·남기업 외, 『토지정의, 대한민국을 살린다』, 평사리, 2012, 25쪽.

동산 계급사회』(후마니타스, 2008)에서 "한국에서 경제적 능력이나 사회적 지위는 부동산 자산을 얼마나 소유하고 있느냐로 결정된다. (…) 누가 어느 대학에 가느냐의 문제 역시 부모의 부동산이 결정한다"고 주장했다. 그에 따르면, 2005년 8월 기준으로 집을 많이 가진 부자 10명이 소유한 집은 모두 5,508채로 한 사람 평균 550채였다고 한다. 땅을 가장 많이 소유한 최상위 10만 가구(전체 가구의 0.5퍼센트)가 사유지의 30퍼센트를 차지하고 있었다.

그리고 불평등은 다음 세대로 이어져, '불평등의 대물림'을 낳고 있다. 이런 불평등이 당연시될 수는 없다. 절대적으로 평등한 것을 바라는 것이 아니다. 가난한 사람도 인간의 존엄을 유지할 수 있어야 한다. 그리고 부자라 하더라도, 그가 가진 모든 것이 자신만의 노력으로 이뤄진 것은 아니다. 온전히 그의 몫으로 볼 수 없는 부분은 다른 사람과 나누도록 만드는 것이 필요하다.

셋째, "이런 식의 삶과 사회가 미래에도 지속될 수 있을까?" 하는 의문이다. 영화 〈인터스텔라〉는 지구의 미래를 보여주었다. 영화를 보면, 황사 같은 먼지가 폭풍처럼 밀려오고, 밀농사가 불가능해져서 옥수수만 심게 되며, 건강이 안 좋아져서 아픈 사람들이 눈에 들어온다. 한마디로 인류의 종말을 향해 달려가는 상황이었다. 바로 기후변화 때문이다.

문제는 이것이 공상이 아니라, 곧 닥쳐올 현실이라는데 있다. 이미 미국 남서부는 몇 년째 가뭄에 시달리고 있다. 기후변화는 잦은 가뭄과 홍수를 불러일으킬 것이고, 사막화도 더 심해질 것이다. 농작물들은 바뀐 기후에 적응하지 못하고, 농사는 점점 더 어려워질 것이다. 그러나 사람들은 미래에 닥쳐올 일에 관심이 없다. 곧 빙산에 부딪혀 배가 침몰할 지경인데도, 배가 침몰하는 순간까지는 즐기느라 정신이 없었던 '타이타닉 호'의 승객 같은 모양새이다.

물론 소수이지만, 이 문제를 걱정하는 사람들이 있다. 그러나 정작 정책을 결정하는 정치에서는 기후변화에 관심이 없다. 일부 국가에서는 '탄소세' 같은 정책을 도입했지만, 별로 인기가 없는 정책이었다. 온실가스 배출에 세금을 매기면 물가가 올라가고 경제성장에 악영향을 준다는 화석연료 산업의 논리에 밀린 것이다.

그러는 사이에 지난 수십만 년 동안 300피피엠ppm을 넘어서지 않았던 지구의 이산화탄소 농도는 400피피엠을 넘어섰다. 기후변화 전문가들은 450피피엠을 넘어서는 안 된다고 경고하고 있다. 그러나 지구의 이산화탄소 농도는 매년 2피피엠 이상씩 올라가고 있다. 이대로 가면 20~30년 후에 450피피엠을 넘어설 가능성이 높다. 지금 갓 태어난 아기가 성년이 될 무렵이다. 이제 사랑을 하고 인생의 의미를 찾을 때에 지구는 파탄 상태에 놓일 수 있는 것이다. 도대체 어떻게 해야 하는가?

상투적인 방안으로는 안 된다

지금 얘기한 꽉꽉하고 불안한 삶, 날로 심해지는 불평등, 그리고 기후변화 같은 생태위기는 따로따로 떨어진 문제가 아니다. 그러나 이 문제들을 풀겠다는 사람들은 교육 따로, 경제 따로, 복지 따로, 세금 따로, 환경 따로 생각한다. 내놓는 처방들도 상투적인 것이 많다. '상투적'이라는 것은 자기 영역의 한계를 벗어나지 못한다는 것이다. 포괄적이면서도 혁신적인 사고를 하지 못한다는 것이다. 그래서는 답이 없다.

물론 이것 하나면 다 해결된다는 만병통치약은 없다. 그렇지만 복잡하게 얽힌 문제를 풀 때에는 '실마리'가 중요하다. 나는 최근 '실마리'에 해당하는 것을 찾았다. 그것이 바로 기본소득이다.

나는 『녹색평론』을 통해 '기본소득'에 대해 접하게 되었다. 처음에는 아주 낯선 얘기였다. 그러나 이 사회에 대한 절망이 깊어질수록 기본소득은 진지하게 고민해야 할 대안으로 내게 다가왔다.

'기본소득'은 노동을 하는지에 관계없이, 그리고 재산이 얼마 있는지에 관계없이 국가로부터 지급받는 돈이다. 이 얘기를 하면, 두 가지 반응이 나온다. "받을 수만 있으면 정말 좋겠다"는 반응과 "일을 안 했는데, 어떻게 돈을 받느냐"는 것이다.

그러나 이 책을 읽다 보면, 돈을 받는 게 당연한 내 권리라는 생각을 하게 될 수 있을 것이다. 받아서 고마워해야 하는 것이 아니라, 당연한 권리로 받아야 한다는 것이다.

한번 생각해보자. '본래 모두의 것'이거나 '어느 누구의 것'도 아닌 것을 개인이나 기업이 사유화私有化한 것들이 많다. 예를 들면 토지가 대표적이다. 토지는 사람이 노동을 해서 생긴 것이 아니다. 본래부터 존재해 왔던 것이다. 그리고 과거에는 토지를 공동체에 속한 사람들이 모두 이용하기도 했다. 그런데 지금은 토지에서 나오는 수익을 개인이나 기업이 사유화하고 있다. 이것은 과연 정당한가?

더구나 '강남'이 언제부터 '강남'이었나? 불과 40여 년 전까지는 논밭이었던 '강남'이 지금의 강남이 된 것은 대한민국이라는 국가가 펼친 정책 덕분이다. 그런 개발이익을 개인이나 기업이 독점적으로 누리는 것은 옳지 않다.

이런 얘기는 공산주의자나 사회주의자가 한 얘기가 아니라, 조선시대 실학자들이 한 얘기이고, 많은 사상가들이 한 얘기이다. 종교적 관점에서도 그렇다. 토지정의를 주장했던 대천덕 신부(성공회)는 "토지는 사람이 만들어 낸 것이 아니라, 하나님이 창조하신 것"이라고 강조한다. 그는 『토지와 경제정의』(홍성사, 2003)라는 책을 통해, "토지는 다 내(하나님) 것임이라"고 한 구약성서 「레위기」의 말을 인용한다. 그리고 성서에 비춰 볼 때 오늘날 대부분의 문명국에서 통용되는 토지매매는 정상적인 상거래가 아니라 범죄행위라고 주장한다.

물론 내가 이 책에서 "토지매매가 범죄행위"라고 주장하려는 것은 아니다. 다만, 지금부터 얘기하는 '공유'共有 개념은 양식 있는 지식인과 종교인이라면 누구나 인정하는 '상식'이라는 점을 얘기하려는 것이다. 그리고 본래 특정인의 것이 아니었던 것, 즉 '공유'였던 것에서 나오는 이익은 공동의 것이기 때문에 평등하게 배당을 해야 한다는 것이 내 생각이다. 일종의 시민배당을 하자는 것이다.

기본소득은 시민배당이다

기본소득은 다른 말로 시민배당이라고 할 수 있다. "내가 돈을 받는 것이 권리"라는 것을 표현하기에는 '배당'이라는 표현이 더 적합하기 때문이다.

물론 '시민배당'이라는 용어는 낯설 것이다. 그러나 '배당'이라는 말은 흔히 쓰인다. 주식회사뿐만 아니라 협동조합에서도 이익이 나면 조합원에게 배당을 한다. 배당을 받는 것은 조합원이나 주주의 권리이다. 조합원이나 주주는 협동조합이나 주식회사에 일정한 '지분'이라는 것을 갖고 있기 때문이다. 1퍼센트의 지분을 갖고 있다면, 1퍼센트의 몫이 있는 셈이다. 물론 협동조합과 주식회사는 다르다. 협동조합에서는 의사결정을 할 때 지분에 관계없이 1인 1표를 행사하지만, 주식회사에서는 가진 주식 수에 따라 표를 행사한다. 주식회사에서는 지분을 많이 가진 사람의 목소리가 크다면, 협동조합에서는 지분이 많은지 적은지에 관계없이 평등하게 참여할 권리가 있는 것이다.

그렇다면 조합원이나 주주가 아닌 사람은 도대체 누구로부터 배당을 받을 수 있는가? 나는 누구나 국가라는 정치공동체로부터 배당을 받을 권리가 있다고 주장한다. 앞서 언급한 것처럼, 본래 공유共有였던 것을 사유화해버렸는데, 그로부터 나오는 이익이라도 공유화해서 시민들에게 배당을 주자는 것이다.

이것은 이미 세상에서 현실화되고 있는 생각이다. 1장에서 설명하겠지만, 미국 알래스카 주는 공유자원인 '석유'에서 나오는 수익으로 주민들에게 배당금을 지급하고 있다.

기후변화와 같은 생태위기가 심각해지면서, 기후변화를 해결하기 위해서라도 시민배당을 해야 한다는 주장도 나오고 있다. 예를 들어, 기후변화를 일으키는 온실가스 배출행위에 대해 세금tax이나 부담금fee을 부과해서 그 돈을 주민들에게 나눠주자는 것이다. 이 아이디어는 캐나다의 브리티시콜롬비아 주에서 작은 규모이지만 실제로 시행하고 있다. 탄소세를 걷어서 시민들에게 탄소배당금을 지급하고 있는 것이다. 이 부분에 대해서는 1장에서 자세하게 설명하기로 한다.

'공유'에서 배당받자

이처럼 본래 '공유'였던 토지나 천연자원 등에서 나오는 수익 중 일부를 걷어서 배당으로 지급하는 것도 가능하고, 온실가스 배출 행위처럼 생태위기를 유발하는 행위에 대해 세금(또는 부담금)을 걷어서 배당으로 지급하는 것도 가능하다.

공유개념을 좀 더 확장해 볼 수도 있다. 개인이 버는 소득도 개인 이 잘나서 버는 것만은 아니다. 그가 돈을 벌기까지는 사회적인 뒷 받침이 있었다. 아무리 잘난 사람도 혼자서 배우고 성장하고 능력 을 키울 수는 없다. 따라서 소득세 같은 세금을 상당히 많이 걷는 것도 이런 관점에서 정당화될 수 있다. 그 사람이 버는 소득 중의 상당 부분은 사회공동체의 몫으로 돌리는 게 맞기 때문이다. 그리 고 소득세로 걷은 돈으로 시민들이 배당을 받을 수 있다.

국가가 세금으로 이미 거둬들인 돈도 일종의 공유자원으로 볼 수 있다. 그런데 지금은 이 공유자원이 쓸데없는 곳에 많이 낭비되 고 있다. 불필요한 도로를 닦고 환경을 파괴하는 토건사업들이 곳곳에서 벌어지고 있다.

세금을 쓰는 것만 문제가 아니라 깎아주는 것도 문제이다. 지금까지 정부는 대기업과 고소득층에게 특혜성 세감면을 해 왔다. 2014년 기준으로 대기업, 고소득층에 대한 세감면 액수는 11조 8천억 원이 넘는다.

이런 예산낭비나 특혜성 세감면은 국가재정이라는 공유자원을 낭비하는 것으로 볼 수 있다. 따라서 예산낭비나 특혜성 세감면을 줄여서 시민들이 배당을 받는 상상도 해 본다.

이건 '상식'이다

역사상 가장 영향력이 컸던 소책자 중에 『상식』*Common Sense*이라는 유명한 책자가 있다. 토머스 페인이 쓴 『상식』은 미국이 영국으로부터 독립하던 당시에 작성된 것이다. 이 『상식』은 당시로서는 불순한 사상을 담고 있었다. 미국이 영국으로부터 독립해야 하고, 독립한 미국에서는 왕이 아니라 민주적으로 선출된 정부가 권력을 행사해야 한다는 것을 주장했기 때문이다. 당시에는 이런 주장은 낯선 것이었다. 그러나 토머스 페인의 주장은 곧 많은 사람들의 지지를 받았고, 그의 주장대로 미국은 선거로 뽑힌 대통령과 국회가

017

권력을 행사하게 되었다.

나는, 기본소득 또는 시민배당이라는 생각도 아직은 많은 사람들이 알지 못하지만 곧 '상식'이 될 것이라고 믿는다. 그만큼 우리가 처한 상황은 심각하기 때문이다. 사실 인류의 역사상 이렇게 '사유화'가 진행된 것은 불과 몇백 년 되지 않았다. 그리고 지금 그 결과는 불평등의 심화, 생태적 위기, 불안과 팍팍한 삶으로 나타나고 있다. 그렇다면 이제라도 발상의 전환을 해 보는 것이 필요하다. 그리고 방법도 아주 간단하다.

'공유'라는 개념에 기반해서 재원을 마련하여 사람들에게 배당금을 지급하면 된다. 그렇게 하면 불평등을 완화하고 불안을 줄이며, 진정한 자유를 보장하고 생태위기도 극복할 수 있다. 이 정도면 해 볼 만한 일이 아닐까?

일정한 나이가 된 모든 사람들이 보통선거권을 가지게 된 것은 불과 100년 안팎밖에 되지 않았다. 그전에는 재산이 있는 남자만 선거권을 가졌다. 그러나 지금은 모두가 선거권을 가지고 있다.

기본소득 또는 시민배당도 마찬가지이다. 지금까지는 주식이 있거나 지분을 가진 사람만 배당이라는 것을 받을 수 있었다. 그러나 21세기에는 모두가 기본소득 또는 시민배당이라고 불리는 것을 받을 권리를 획득하자.

제대로 논의하고 밑그림을 그려보자

물론 기본소득을 어떻게 설계하느냐에 따라 결과도 달라질 수 있다. 보통선거권을 보장하더라도, 어떻게 선거제도를 만드는가에 따라 정치가 전혀 달라질 수 있는 것과 같은 이치이다. 비례대표제 중심으로 정치제도를 설계한 국가들은 다양한 정치세력들의 진입이 쉽고, 정책을 중심으로 한 합의제 민주주의가 실현되는 편이다. 그러나 지역구 중심의 소선거구제를 가지고 있고, 선거에서 돈을 많이 쓸 수 있는 금권선거를 허용하는 선거제도를 가진 국가들에서는 민주주의가 제대로 실현되지 않는다. 소수자나 사회적 약자들은 정치에서 배제되고 새로운 정치세력도 등장하기 어렵다. 대한민국의 정치가 그런 상황이다.

기본소득도 그런 면이 있다. 이미 좌파부터 우파까지 다양한 이념적 스펙트럼을 가진 사람들이 기본소득을 지지하고 있다. 생태주의자들 중에서도 기본소득을 지지하는 사람들이 있다.

이것은 기본소득이라는 발상이 하나의 대세가 될 수 있음을 의미한다. 19~20세기에는 보통선거권을 보장하라는 것이 대세였다면, 21세기에는 기본소득을 보장하라는 것이 흐름이 될 수 있는 것이다.

피할 수 없다면 제대로 논의해서 제대로 만들어야 한다. 특히 기본소득은 더 이상 일자리가 만들어지지 않는 시대, 불평등이 날로 심각해지는 시대, 생태위기의 시대에 피해갈 수 없는 의제이다.

더 이상 논의를 미룰 수는 없다. 지난 대선에서 박근혜 대통령은 "조건 없이 65세 이상에게 매월 기초연금 20만 원을 지급하겠다"는 공약을 들고 나왔다. 일종의 노인기본소득이었다. 이처럼 대한민국에서도 기본소득은 언제든지 기득권 정치세력의 의제가 될 수 있다. 물론 기득권을 가진 정치세력은 진정성 없이 문제에 접근하기 때문에 믿을 수는 없다. 박근혜 대통령도 결국 공약을 스스로 어겼다.

따라서 제대로 된 철학을 갖고 기본소득에 대해 논의하고 밑그림을 그려 나가는 것이 중요하다. 어떤 철학을 가지고 어떻게 기본소득을 설계하느냐에 따라 성격이 전혀 다른 기본소득제가 만들어질 수 있다.

그런 논의를 할 수 있는 나름의 토대는 이미 있다. 기본소득에 대해서는 이미 많은 사례, 고민, 토론 들이 있어 왔다. 그럼 이제 본격적으로 얘기를 시작해 보자.

1장에서는 '공유재'로부터 배당을 받자는 주장을 구체적으로 펼칠 것이다. 공유와 기본소득(시민배당)에 관한 여러 사상가들의 얘기도 살펴볼 것이다. 그리고 석유에서 나오는 수입으로 이미 시민배당을 지급하고 있는 미국 알래스카 주의 사례, 온실가스 배출에 대해 탄소세를 걷어 일부를 탄소배당금으로 지급하고 있는 캐나다의 브리티시콜롬비아 주 사례 등도 살펴볼 것이다. 이런 논의를 통해 기본소득(시민배당)이 시혜가 아니라, 사회공동체의 구성원으로서 당연히 가지는 권리라는 것을 설명할 것이다.

2장에서는 기본소득이 가져올 변화가 어떤 것인지에 대해 살펴볼 것이다. 기본소득은 '다른 사회'로 전환하기 위한 입구이다. 녹색의 관점에서는 녹색사회로 전환하는 입구 역할을 기본소득이할 수 있다. 기본소득(시민배당)이 지급된다면, 교육은 어떻게 바뀔 것인가? 노동, 복지, 성평등, 인권, 생태·환경, 농업 등에는 어떤 영향을 미칠지 상상해볼 것이다.

3장에서는, 대한민국에서 기본소득(시민배당)을 현실화하는 방안에 대해 살펴보려고 한다. 이미 외국에서는 녹색당을 포함한 여러 정당들이 기본소득을 현실의 정책으로 채택하고 있다. 브라질, 스위스 등지에서는 법률안이나 국민발의 형태로 기본소득이 제안되기도 했다. 그런 사례들은 우리에게 많은 시사점을 준다. 대한민국에서도 기본소득은 가능하다. 많은 사람들이 궁금해 하는 재원조달 방안에 대해서도 큰 틀의 그림을 제시할 것이다. 그리고 얼마쯤 지급할 수 있을 것인지에 대해서도 의견을 제시할 것이다.

시민배당(기본소득)에 대해 얘기하다 보면, "다 좋은데, 과연 이것이 내 생전에 이뤄질까?" 하는 말도 듣는다.

그러나 중국의 문학가이자 사상가였던 루쉰의 말처럼, 땅 위에는 본래 길이 없었다. 걸어가는 사람이 많아지면 그곳이 곧 길이 되는 것이다. 19세기 중반까지는 보통선거권도 꿈같은 얘기였다. 그러나 이미 현실이 된 지 오래이다. 기본소득도 반드시 그렇게 될 것이다.

절망의 시대인 만큼 희망에 대한 염원도 강렬해질 수밖에 없다. 이 땅의 위대한 사상가였던 함석헌 선생은 "희망은 절망하는 사람만이 가집니다"라고 말했다. 맞는 말이다. 이 절망스런 사회에서 충분히 절망했기에, 이제 기본소득이라는 희망을 가져 보려고 한다.

1

'공유'에서
배당받자

기본소득 또는 시민배당이라는 생각의 뿌리

이제 기본소득basic income이라고도 불리고 시민배당citizen's dividend 이라고도 불리는 것에 대해 본격적으로 얘기해 보자. 다른 이름도 사용된다. 생존소득, 시민소득, 사회소득, 사회배당, 보편소득 같은 이름들도 사용된다.

명칭은 다양하지만, 핵심은 간단하다. 재산의 많고 적음, 노동을 하는지 여부에 관계없이 모두에게 조건 없이 일정액의 현금을 지급하자는 것이다. 약간 황당한 생각처럼 보일지는 모르지만, 의외로 많은 유명한 사람들이 기본소득을 주장해 왔다. 토머스 페인, 버트런드 러셀, 마틴 루터 킹, 앙드레 고르……. 처음 이름을 들어보는 사람도 있을 수 있지만, 꽤 유명한 지식인이나 실천가들이다. 이들이 기본소득의 필요성에 대해 언급을 해 왔다.

노벨경제학상을 받은 경제학자들 중에서도 기본소득을 지지하는 사람들이 있다. 흔히 거론되는 사람으로는, 제임스 미드James

Meade, 허버트 사이먼Herbert Simon, 밀턴 프리드먼Milton Friedman, 프리드리히 하이예크Friedrich Hayek, 제임스 토빈James Tobin 등이 있다. 1980년대 이후 유럽에서의 기본소득 논의를 주도적으로 이끈 판 빠레이스Van Parijs 같은 사람도 많이 얘기된다.

이런 기본소득 지지자들의 이념적 스펙트럼은 다양하다. 좌파부터 우파, 그리고 생태주의자까지 기본소득에 대한 관심이 많다.

그래서 기본소득에 대해서도 중심을 잘 잡고 얘기를 하는 것이 중요하다. 나는 실천적 관심에서 출발한 두 사람의 얘기에 주목할 필요가 있다고 생각한다. 그래서 토머스 페인과 마틴 루터 킹의 얘기가 중요하다고 생각한다.

토머스 페인은 『상식』이라는 책자를 통해 베스트셀러 저자가 되었다. 『상식』은 1년 만에 15만 부 이상이 팔렸다고 한다. 그런데 토머스 페인은 인권과 빈곤문제에 관심이 많았다. 그리고 극심한 사회적 불평등을 해결하는 방법에 대해 치열하게 고민을 했다. 그런 고민을 담아 1797년에 생애 마지막으로 쓴 책이 『토지정의』 *Agrigarian Justice*라는 책이다.

이 책에서 토머스 페인은 시민배당을 주장한다. 토머스 페인은 두 가지 종류의 재산이 있다고 본다. 첫째는 자연재산natural property 이다. 이것은 땅, 공기, 물처럼 우주의 창조자로부터 나온 것이다. 둘째는 인간의 활동에 의해 인위적으로 만들어진 재산이다. 사람의 노동으로 지은 건물이나 만든 물건이 여기에 해당한다.

토머스 페인은 자연재산에 대해서는 모두가 평등한 권리를 갖는다고 생각했다. 그래서 그는 자연재산에서 나오는 수입은 세금으로 걷어 시민들에게 배당금을 주자는 제안을 한다.

구체적으로 토머스 페인은 상속재산에 대한 상속세로 재원을 마련해서 50세 이상의 사람에게 매년 10파운드를 연금으로 지급할 것을 제안했다. 노인기본소득을 제안한 것이다. 그리고 21세에 이른 사람에게는 일시금으로 15파운드를 지급할 것을 제안했다. 본격적으로 사회생활을 시작해야 하는 사람에게 '종잣돈'을 주자고 제안한 것이다. 또한 장애인에게도 연금을 지급할 것을 제안했다. 당시에 노동자가 1년 동안 받는 임금의 수준이 23파운드였으므로 10파운드, 15파운드는 꽤 큰돈이었다.

비록 토머스 페인은 연령에 관계없이 모든 사람에게 시민배당을 지급하자고 한 것은 아니었지만, '공유'에 기반한 시민배당이라는 생각을 남겼다. 그리고 이 생각은 지금까지 영향을 미치고 있다.

흑인들의 인권을 위해 활동해 노벨평화상을 받은 마틴 루터 킹도 기본소득을 주장했다. 마틴 루터 킹은 미국사회의 현실을 보면서 기본소득의 필요성을 느끼게 된다. 그는 1960년대 미국 남부에서 벌어진 흑인 민권운동을 이끌었고, 그 결과 버스나 식당, 학교에서 이뤄지던 일상적인 흑백차별이 겉으로는 사라지게 된다. 교묘한 방법으로 투표권을 행사하지 못하게 하던 장벽도 사라져, 많은 흑인들이 투표를 할 수 있게 되었다.

그러나 그것만으로는 미국에 사는 흑인들의 삶이 나아지지 않았다. 흑인들은 가난했고, 일자리가 없었으며, 주택·의료·교육 등의 혜택을 제대로 받지 못하고 있었다. 그래서 1965년부터 1967년까지 미국에서는 흑인들의 폭동이 자주 일어났다. 이런 폭동들을 겪으면서, 마틴 루터 킹은 흑인들의 절망에 대해 발언하기 시작했다. 1965년 로스앤젤레스에서 30명 이상이 사망하는 폭동이 발생했을 때, 그는 그곳을 방문했다. 그는 경제적 곤경에서 벗어날 방법이 없는 깊은 절망감이 폭동의 근본원인이라고 판단했다.

그는 흑인들의 생활을 개선하고 주택과 일자리 문제를 해결하기 위해 노력하는 한편, 베트남전쟁에 대해서도 비판하는 목소리를 냈다. 그는 전쟁에는 막대한 돈을 쓰면서 빈곤문제를 해결하기 위해 노력하지 않는 정부를 비판했다.

마틴 루터 킹은 빈곤문제를 해결하고 모든 사람들이 인간다운 삶을 살 수 있도록 기본소득을 보장해야 한다는 주장도 한다. 그는 1967년에 쓴 『우리는 어디로 갈 것인가? 혼란인가, 공동체인가?』라는 책에서 빈곤을 해결하는 직접적인 방법으로 기본소득의 보장이 필요하다고 주장한다. 그는 1968년 암살당하기 직전에 빈자들의 행진Poor People's Campaign을 준비하고 있었는데, 이 행진에서 요구하려고 했던 3가지 핵심은 기본소득, 완전고용, 싼 임대주택이었다.

토머스 페인이나 마틴 루터 킹은 불평등한 현실을 보면서 일찍부터 기본소득(시민배당)의 필요성을 절실하게 느낀 사람이다.

20세기 후반부터는 다른 관점에서 기본소득의 필요성을 얘기하는 사람들이 늘어났다. 극심한 불평등뿐만 아니라, 더 이상 만들어지지 않는 일자리, 불안정노동, 생태적 위기의 문제를 해결하는 유력한 대안으로 논의되기 시작한 것이다.

예를 들면, 노벨경제학상을 받은 제임스 미드는 기본소득 없이는 완전고용을 달성하는 것이 불가능하다고 주장했다. 기본소득을 지급하고 전체적으로 노동시간을 줄여야 고용을 늘릴 수 있다는 것이다.

프랑스의 지식인인 앙드레 고르는 1978년에 쓴 「실업의 황금시대」라는 글을 통해 "공장의 자동기계로 인해 공장의 노동자 수는 30퍼센트가 불필요하게 될 것이다. 그리고 (정보화로 인해) 사무직과 서비스직에서는 이보다 더 많은 일자리들이 사라질 것이다"[*] 하고 얘기했다. 그리고 그의 얘기는 현실이 되었다. 그래서 앙드레 고르는 모든 시민에게 '최저근본생계비'를 보장해야 한다고 주장했다.

---

[*] 앙드레 고르, 『프롤레타리아여 안녕』, 이현웅 옮김, 생각의나무, 2013, 219~221쪽.

왜 기본소득을 지급해야 하는가?

기본소득을 지급한다고 하면, "일하지 않는데 왜 돈을 지급하느냐?"는 반론을 흔히 듣게 된다. 그러나 조금만 생각해보면 그 말이 꼭 맞지는 않다는 것을 알 수 있다.

첫째, 모든 사람에게 생존에 필요한 최소한의 소득을 보장하는 것은 '인간다운 삶'을 위한 최소한의 조건이다. 특히 일자리가 줄어들고 있는 것이 현실이다. 따라서 임금노동을 하는지 여부에 관계없이 최소한의 소득을 보장하지 않으면 인간다운 삶을 살 수 없다.

"그래도 노동을 하려고 노력하는 사람에게만 소득을 보장해야 하지 않는가?" 하고 생각할 수 있다. 여기에 대해 『조건 없이 기본소득』의 저자 바티스트 밀롱도가 답을 한다. 그는 "일자리를 구하려고 노력하지만 번번이 퇴짜 맞는, 사회가 거부하는 장기 실업자들에게 계속 활발히 구직활동을 하라고 요구하는 것은 너무 비인간적이지 않은가? 그들에게 괜찮은 삶의 수준을 보장해 줌으로써, 잔인하고 모순된 '구직'이라는 멍에에서 벗어나게 하는 편이 낫지 않을까?" 하는 얘기를 한다. 공감이 가는 얘기이다. 인간다운 삶을 보장하는 것은 임금노동을 하는지에 관계없이 필요하다.

"기존의 사회복지제도가 있지 않은가?" 하고 의문을 제기할 수도 있다. 그러나 기존의 사회복지제도에서는, 많은 경우에 '가난'을 증명해야만 혜택을 받을 수 있다. 사각지대도 많다. 2014년 2월 서울 송파구의 반지하방에서는 세 모녀가 자살하는 충격적인 사건이 있었다. 어머니의 실직과 큰딸의 만성질환으로 인해 생활이 힘들었지만, 아무런 사회복지혜택을 받지 못하고 있었다. 이들은 "정말 죄송합니다" 하는 메모와 함께 전 재산이었던 현금 70만 원을 집세와 공과금으로 남기고 떠났다. 만약 기본소득이 보장되었다면, 이들이 세상을 떠나는 일은 없었을 것이다.

아무리 사회복지제도가 있다고 한들, 매번 가난을 증명해야 한다는 것은 고역이다. 그래서 조건 없는 기본소득을 통해 최소한의 인간다운 삶을 보장하자는 것이다.

둘째, "'임금노동'만 '일'인가?"라고 질문을 해 보는 것도 필요하다. 임금을 받고 노동을 하는 것만이 사회에 기여하는 일은 아니다. 공동체를 위한 자원활동, 가사노동, 무급돌봄노동 등은 '일'이지만, 임금을 받지 않고 하는 일이다. 그렇지만 이런 일들도 사회적으로 가치가 있는 일들이다. 이런 일을 하는 사람에게도 기본적인 소득은 보장해야 하지 않을까?

만약 기본소득을 보장한다면, 임금을 받지 못하는 다양한 일들을 하는 사람들이 늘어날 수 있다. 이들도 사회적으로 인정을 받고 존중을 받게 되는 것이다.

또한 기본소득이 보장된다면 먹고살기 위해 억지로 임금노동을 하지 않아도 된다. 사실 임금노동 중에는 사회적으로 도움이 안 되는 일들도 많다. 사회공동체나 환경을 파괴하는 나쁜 기업의 노동자들도 먹고살기 위해 어쩔 수 없이 일을 하고 있을 것이다. 이런 임금노동과 무임금 자원활동 중에 어떤 것이 더 가치 있는 일일까?

셋째, 기본소득은 사회공동체 구성원으로서의 당연한 권리, 즉 배당받을 권리라는 것이다. 굳이 배당이라는 용어를 쓰지 않더라도 그런 생각이 바탕에 자리 잡고 있는 것이다. 우선 앞서 언급한 토머스 페인의 말처럼, 토지·천연자원·물·공기 등에 대해서는 모두가 동등한 권리를 갖는다고 할 수 있다. 인간의 노동으로 만들어진 것이 아니라, 본래부터 존재해 왔던 것이기 때문이다. 따라서 이런 공유재共有財(common property, common assets, co-owned wealth 등의 영어표현이 사용된다)로부터 나오는 수익은 사회 구성원들이 함께 나눠 가질 권리가 있다.

또한 "인간의 노동으로 만들어진 것이라고 해도, 온전히 그 자신의 것으로만 돌리는 것이 정당한가?" 하는 질문도 가능하다. 노벨경제학상을 수상한 허버트 사이먼Herbert Simon은 소득의 90퍼센트는 이전 세대에 의해서 축적된 지식에서 유래하는 것이라고 주장했다. 그렇다면 그 소득도 어느 정도는 나눌 필요가 있다.* 그래서 바티스트 밀롱도는 "기본소득은 사회구성원이 모두 사회적 부를 창출하는 데 기여했다고 보고 일부의 경제적 부를 사회구성원 모

두에게 돌아가게 하려는 장치"라고 설명하기도 한다.[**]

앞에서 살펴본 기본소득을 뒷받침하는 논리 중에서, 이 장에서 특히 주목하고자 하는 것은 세 번째 부분이다. 즉, 누구나 공동체의 구성원이면 배당받을 권리가 있다는 것에 주목하고자 한다. 세계에서는 이미 그런 발상을 현실로 만든 사례들이 있다.

한편 공유재를 지키기 위해 세금이나 부담금을 거둬들일 필요가 있지만, 그로 인한 부작용이 있는 경우에도 '배당'을 통해 문제를 해결할 수 있다.

여는 글에서도 언급을 했지만, 기후변화를 일으키는 화석연료 사용이나, 원전사고의 위험이 있는 핵연료 사용에 대해서는 높은 세금이나 부담금을 통해 정당하게 비용을 부담시켜야 한다. 그래야 화석연료, 핵연료 사용을 줄일 수 있다. 그런데 그럴 경우에는 당장 물가가 올라간다는 문제가 있다. 화석연료나 핵연료를 사용해서 생산하는 전기요금이 올라가고 각종 물건 값이 올라갈 수 있는 것이다. 물론 장기적으로는 비싸진 화석연료나 핵연료를 사용하지 않고 친환경적이고 지속가능한 방법으로 생산되는 제품들이 경쟁력을 가지게 될 것이다. 경제구조의 전환이 이뤄지게 되는 것

---

[*] 강남훈, 「미국의 기본소득보장의 사상과 운동」, 『기본소득운동의 세계적 현황과 전망』, 박종철출판사, 2014, 27쪽.

[**] 바티스트 밀롱도, 『조건 없이 기본소득』, 권효정 옮김, 바다출판사, 2014, 35쪽.

이다. 그러나 당장에는 물가가 올라갈 가능성이 높은 게 현실이다.

이 문제를 해결하는 방법으로 배당금을 시민들에게 지급할 수 있다. 시민들 입장에서는 배당금을 받음으로써 물가상승으로 인한 부담을 덜게 되고, 다른 한편으로는 기후변화나 원전의 위험을 막는 데 기여하는 셈이 된다. 이 부분도 이미 현실화되고 있는 사례가 있다.

주민에게 '돈벼락'을 내린 알래스카 주

『동아일보』 1982년 10월 16일자에 흥미로운 기사가 실린 적이 있다. 기사 제목이 「알래스카 주민에 '돈벼락'」이라는 내용이다. 『동아일보』 워싱턴 특파원이 쓴 이 기사의 내용은, 알래스카 주정부가 석유 개발로 1년에 60억 달러 이상의 수입이 생기자, 갓난아기든 노인이든 관계없이 주민 모두에게 1인당 1,000달러를 지급하기로 했다는 내용이다. 북극해에 면한 유전에서 석유가 나오면서 주정부의 수입이 많이 생겼는데, 이걸 잘못 써서 낭비하느니 차라리 주민들에게 나눠주자는 발상을 했다는 것이다.

당시 알래스카 주지사였던 제이 해먼드 Jay Hammond는 거주기간에 따라 차등 지급을 하려고 했었다. 거주기간이 길면 많이 지급하고, 짧으면 적게 지급하려 했던 것이다. 그런데 변호사 한 명이 거주 기간에 따라 차등 지급하는 것은 헌법상 평등원칙 위반이라고 소송을 했다. 그리고 그 소송에서 주정부가 패소하는 바람에, 모든 주민에게 똑같이 지급하기로 되었다는 것이다. 지급시점인 1982년 4월 18일까지 반년 이상 알래스카에 거주한 모든 주민들에게 1,000달러를 지급하게 된 것이다.

기사에 따르면, 일이 이렇게 되자 임신 중에 있는 태아는 어떻게 하느냐는 논쟁도 일어났다고 한다. 그래서 뱃속에 있는 태아도 1982년 10월 15일까지 출생하면 1,000달러를 지급하기로 했다고 한다. 그래서 알래스카의 산부인과들이 그 시점까지 출산하려는 여성들로 인해 붐비고 있다는 내용도 기사에 담겨 있다.

미국에서도 변방인 알래스카 주에서 시도하는 일이지만, 워낙 신기하고 흥미로운 일이었기에 1982년에 워싱턴 특파원이 기사를 썼을 것이다.

그리고 이것은 일회성으로 끝나지 않았다. 지금까지도 매년 주민들에게 일정한 돈을 주정부가 지급하고 있다. 이것이 바로 알래스카 주의 '영구기금 배당금'Permanent Fund Dividend이라는 것이다. 이 제도는 우리에게 많은 생각할 거리를 던져 준다.

알래스카의 영구기금 배당금

미국 알래스카 주는 미국에서 가장 늦게 주로 승격한 곳이다. 원래 가난한 곳이었는데 1960년대에 석유가 개발되면서 갑자기 인구가 늘고 주정부의 재정수입도 급속하게 증가했다. 석유를 채굴하는 석유회사가 일종의 사용료 lease and royalty 를 주정부에 내기 때문이었다.

1974년 주지사가 된 해먼드는 이 돈을 그냥 사용할 것이 아니라 '영구기금'Permanent Fund이라는 기금으로 적립할 것을 제안했다. 그리고 이 제안은 주민투표로 채택이 되었다. 석유에서 나오는 주정부 수입의 4분의 1 이상을 의무적으로 적립하기로 한 것이다. 1976년에는 알래스카 주의 헌법을 개정해서 영구기금 설치를 헌법에 명시했다. 영구기금이라고 한 이유는 석유자원이 무한한 것이 아니기 때문에 석유가 고갈된 뒤 살아갈 세대를 위해 돈을 적립해놓겠다는 의미다.

이 기금 자체를 주민들에게 배당을 하는 것은 아니다. 이 기금으로 주식·채권·부동산 등에 투자를 해서 나오는 수익금(운용수익)을 매년 주민들에게 '영구기금 배당'이라는 이름으로 지급한다. 원금은 안 건드리는 것이다.

기금은 알래스카영구기금법인Alaska Permanent Fund Corporation이

운용하고 있는데, 2012년 8월 31일 기준으로 기금의 적립규모는 421억 달러에 달한다.

이렇게 하는 것은 어떻게 보면 당연한 이치이다. 땅속에 있는 석유는 본래 '누구의 것'도 아니다. 오랜 세월을 거쳐 땅속에서 생성되어 묻힌 석유는 공유재라고 할 수 있다. 그것을 땅속에서 뽑아내는 기업이 모든 수익을 가져간다는 것은 정당하지 못하다. 그래서 공동의 자원이라고 할 수 있는 석유에서 나오는 수입 중의 일부를 주정부가 환수하여 기금을 만들고, 주민 모두에게 기금 운용수익을 배당금으로 지급하는 것이다.

알래스카 주의 영구기금 배당금의 액수는 기금 운용 상황에 따라 매년 변동한다. 운용수익이 많이 날 때도 있고, 적게 날 때도 있기 때문이다. 5년간의 평균수익을 계산해서 그 절반 정도를 매년 지급하는데, 가장 많이 지급한 2008년에는 1인당 3,269달러를 지급했다(그중에 1,200달러는 특별지급 명목이었다). 2014년에는 1,884달러를 지급했다.

물론 이 금액이 주민들의 기본생활을 보장할 수 있는 수준은 아니다. 그러나 정부가 베푸는 시혜가 아니라 주민이면 누구나 정당한 권리로 받는 돈이다. 시민배당인 것이다.

이 영구기금배당금을 받는 조건은 알래스카에 거주하는 것이다. 만약 거주하다가 180일 이상 알래스카를 벗어나게 되면 사유서를

[그림 1] 2005년 이후 알래스카의 영구기금 배당금 액수 (단위: 달러)

연도	2005	2006	2007	2008	2009	2010	2011	2012	2013	2014
액수	845.76	1,106.96	1,654	3,269	1,305	1,281	1,174	878	900	1,884

출처: 알래스카 주정부.

제출해야 한다. 나이에 관계없이 동일한 금액이 지급된다는 것도 특징이다.

석유 없는 곳에서도 '알래스카 모델'은 가능

이 알래스카 영구기금 배당금은 진보, 보수를 떠나서 폭넓은 지지를 받고 있다. 처음에 기본소득을 추진한 해먼드 주지사는 공화당 소속이었다. 2008년에는 통상적인 방식으로 계산해서 지급가능한 금액이 2,069달러였는데, 당시 공화당 주지사였던 새라 페일린이 1,200달러를 추가로 지급하기도 했다.

이 제도에 대한 주민들의 지지도 압도적이다. 1999년에는 석유가격이 배럴당 9달러 이하로 떨어지면서 주정부가 영구기금 중 일부를 다른 용도로 사용하는 문제에 대해 주민투표를 붙였다. 주지사는 재정이 어렵다는 이유로 다른 용도로 쓸 수 있게 하자며 찬성투표를 유도했지만, 주민들의 84퍼센트는 '안 된다'에 표를 던졌다. 그만큼 알래스카 주의 주민들은 영구기금 배당금 제도를 강력하게 지지하고 있는 것이다.

이런 알래스카 주의 사례는 기본소득 또는 시민배당을 연구하는 학자들로부터 많은 관심을 받아 왔다.

알래스카 주의 사례를 얘기하면, "알래스카는 석유가 있어서 가능하지만, 석유 같은 천연자원이 없는 곳은 불가능한 것 아니냐?"고 할 수도 있다. 그러나 공유재는 석유만 있는 것은 아니다. 공유재는 어디에나 있다.

예를 들어 미국의 버몬트 주는 석유 같은 지하자원이 없는 주이다. 개리 플로멘호프트Gary Flomenhoft라는 미국 학자는 버몬트 주의 공유재로부터 나오는 수익으로 시민배당을 지급한다고 했을 때, 얼마를 지급할 수 있는지를 연구했다. 그의 연구에 따르면 적게는 연간 1,972달러, 많게는 연간 10,348달러를 지급할 수 있는 것으로 나왔다.*

그의 연구에서는 물, 깨끗한 공기, 광물, 숲, 물고기와 야생동물,

---

* Flomenhoft, Gary. "Applying the Alaska model in a Resource-Poor State: The Example of Vermont", *Exporting the Alaska Model: Adapting the Permanent Fund Dividend for Reform around the World*. Eds. Karl Widerquist and Michael W. Howard. New York: Palgrave- Macmillan, 2012. 104-105.

토지처럼 자연적으로 형성된 것뿐만 아니라, 금융시스템, 인터넷, 방송주파수처럼 사회 전체의 자산이라고 할 수 있는 것도 공유재로 보았다. 이런 인위적 공유재도 사회 공통의 재산이라고 볼 수 있기 때문이다. 생각해보면, 방송주파수가 처음부터 특정한 기업의 소유는 아니었다. 따라서 이런 공유재를 사유화해서 수익을 올리는 것에 대해, 환수하여 배당을 지급하면 된다는 것이다.

공유재와 봉이 김선달

공유재를 사유화한다는 것이 어떤 의미인지를 봉이 김선달의 예로 설명할 수 있다. 봉이 김선달 얘기는 설화로 내려오는 이야기이다.

조선시대 때 평양 출신인 김선달이라는 사람이 있었는데, 재주가 뛰어났다고 한다. 그는 당시에 서북출신에 대한 차별도 있고 해서 세상을 휘젓고 다니며 양반과 부자들을 골탕 먹이고 다녔다고 한다. 그 일화 중의 하나가 평양을 흐르는 대동강물을 팔아먹었다는 얘기이다.

어느 날 봉이 김선달이 한양에서 상인 몇 명이 왔다는 얘기를 듣고 꾀를 냈다. 당시에는 대동강물을 길어서 사람들에게 배달을 하는 물장수가 있었다. 당연히 강물 자체는 누구나 퍼서 쓸 수 있었다. 물장수는 강물을 길어다가 필요한 사람에게 갖다 주는 노동의 대가를 받았을 뿐이다. 물장수가 강물을 퍼내는 데에는 돈이 들지 않았다.

그런데 김선달은 물장수들에게 막걸리를 한잔 사주고 동전을 나눠주면서, "다음날부터는 강에서 물을 길은 다음에 내게 동전을 한 닢씩 던져주고 가게나" 하고 얘기를 했다. 물장수들은 그렇게 하기로 약속했다. 다음날 물장수들은 대동강가에서 물을 길어가면서 김선달에게 동전을 한 닢씩 주기 시작했다. 그 모습을 본 한양 상인들은 "이거 대단히 이익이 되는 장사다" 싶어서 김선달에게 거금을 주고 대동강물을 사겠다고 제안을 했다. 그리고 김선달은 못 이기는 척하고 돈을 받아 챙겼다는 것이 '봉이 김선달' 얘기이다.

그런데 지금 천연자원을 캐내서 이익을 얻는 것을 보면, 봉이 김선달과 다를 바 없다. 앞서 언급한 알래스카 주의 경우에도 2008년 기준으로 알래스카 프루도 만Prudhoe Bay에서 석유를 채굴하는 비용이 1배럴당 20달러인데, 석유가격은 1배럴당 147달러였다고 한다. 만약 사용료나 세금을 전혀 내지 않고 석유기업이 전부 자기 이익으로 가져간다면, 배럴당 무려 127달러를 남길 수 있는 것이다*. 만약 이런 일을 방치한다면, 석유기업이 땅속의 석유

---

* Flomenhoft, 2012, 88-89.

를 팔아먹는 것이나, 봉이 김선달이 대동강물을 팔아먹는 것이 무엇이 다르겠는가? 본래 '누구의 것'도 아니었던 자원으로 '횡재' windfall를 하게 된다는 점에서는 동일하다.

이런 횡재를 방치할 것이 아니라, 수익을 환수할 필요가 있다. 그래야 정당하다. 그래서 알래스카 주는 사용료를 걷기 시작했고, 그 돈으로 기금을 조성해서 기금의 운용수익은 주민들에게 나눠주는 시스템을 만든 것이다.

이런 의미의 공유는 법적인 형식의 문제를 떠난 것이다. 여기에서 '공유재'共有財란 윤리적·철학적·종교적으로 봤을 때에 공동체의 것, 본래 어느 누구의 것도 아니었던 것, 신이 창조한 것을 말한다. 현재 법적 형식이 사유로 되어 있다고 하더라도, 윤리적·철학적으로는 공유인 것이 많다.

공유재로서의 토지

공유에 관심을 가진 사람들은 대표적인 공유재로 토지를 꼽는다. 건물과 토지는 다르다. 건물은 인간의 노동에 의해 인위적으로 지어진 것이지만, 토지는 자연의 일부이다. 그래서 토지의 사유私有(사적소유)에 대해서는 많은 양심적 지식인들이 비판을 해왔다.

자본주의를 인정하는 사람들도 토지 사유에 대해서는 신랄하게 비판을 해 왔다. 성경에 충실한 종교인들도 마찬가지이다. 토지는 자연 그 자체이고, 인간의 노동에 의해 만들어진 것이 아니기 때문이다.

경제학에서도 자본과 토지를 구분한다. 토지는 필요하다고 해서 추가 생산할 수 있는 게 아니기 때문이다(물론 간척이나 매립을 해서 땅을 만드는 경우도 있지만, 그것도 한계가 있는 행위이다).

그런데 이 토지를 선점한 사람들이 사유화를 했다. 그리고 소수에게 토지가 집중되는 현상이 심해져 왔다. 이것은 어느 곳에서나 심각한 사회문제를 낳았고, 이 문제를 해결하기 위한 다양한 노력들이 있어 왔다.

간디의 제자였던 비노바 바베Vinoba Bhave는 1951년부터 땅을 헌납 받아서 땅 없는 사람들에게 나눠주는 운동을 벌였다. 20여 년 동안 인도 전역을 걸어 다니면서 사람들을 설득해서 땅을 헌납 받았다. 이 운동을 부단Bhoodan운동이라고 불렀다. 토지헌납운동이다. 그는 지주들을 설득하여 400만 에이커가 넘는 땅을 헌납 받아서 땅 없는 사람들에게 나눠주었다. 그는 토지에 대한 사적 소유는 끝나야 하고, 땅에서 일하기를 원하는 모든 사람들은 땅을 가질 권리가 있다고 생각했다.

그러나 부단운동으로 토지문제를 근본적으로 해결할 수는 없었다. 물론 부단운동은 매우 훌륭한 운동이었다. 비노바 바베의 호소는 많은 사람들의 마음을 움직였다. 비노바 바베의 말처럼, 세상을 바꾸는 길에는 정책이나 제도를 통한 길도 있지만, 자비와 사랑의 길도 있다. 정책이나 제도가 만능은 아닌 것은 분명하다. 그러나 자비와 사랑만으로는 시스템을 바꾸기 어렵다. 결국에는 정책과 제도를 바꾸는 것이 필요하다.

토지사유제의 폐해를 비판하면서 대안을 제시한 대표적인 사상가로 미국의 헨리 조지Henry George가 있다. 헨리조지는 1879년 『진보와 빈곤』이라는 책을 낸다. 이 책의 제목이 '진보와 빈곤'이 된 이유는 "사회가 눈부시게 발전하는데 왜 빈곤이 사라지지 않는가?" 하는 수수께끼를 푸는 것을 목적으로 했기 때문이다.

헨리 조지는 이 책을 통해 토지사유제가 빈곤의 근본원인이라고 주장했다. 그는 토지사유제로 인해 지대rent가 지주에게 귀속되기 때문에 노동자들이 저임금에 시달린다고 지적했다.

생산력의 향상에도 불구하고 임금이 겨우 생존할 수 있을 정도의 최저액에 머무는 이유는, 생산력의 향상과 더불어 지대가 더 큰 비율로 상승함으로써 임금이 낮게 유지되기 때문이다.[*]

---

[*] 헨리 조지, 『진보와 빈곤』, 김윤상 옮김, 비봉출판사, 1997, 269쪽.

그는 빈곤과 불평등, 경제공황의 원인을 토지사유제에 있다고 보았다. 이런 그의 주장에 대해서는 여러 의견이 있겠지만, 토지를 대표적인 공유재로 보았던 것은 지금도 유효하다고 생각한다. 헨리 조지는 모든 인간이 토지를 평등하게 사용할 수 있어야 한다고 생각했다. 그는 토지사유제는 정의에 반한다고 보았다. 기독교 신자였던 그는 아래와 같이 토지에 대한 자신의 생각을 표현했다.

인간이 창조주의 평등한 허락을 받아 이 땅에 존재한다고 하면, 우리 모두는 창조주의 하사품을 평등하게 향유할 수 있는 권리를 갖고 있으며, 또 자연이 공평하게 제공하는 모든 것을 평등하게 사용할 수 있는 권리를 갖고 있다. 이것은 자연적인 권리이며, 양도할 수 없는 권리이다.[*]

앞서 언급한 토머스 페인과 비슷한 주장이다. 그렇다면, 이미 토지가 사유화된 상황에서 그는 이 문제를 해결할 수 있는 해법으로 어떤 것을 제시했을까?

헨리 조지는 현실적으로 토지소유권을 박탈하는 것은 불가능하다고 보았다. 토지를 국가가 매수하는 것도 생각해볼 수 있지만,

---

[*] 헨리 조지, 앞의 책, 324쪽.

그 방법도 적절하지 못하다고 생각했다. 그래서 그가 생각한 방법은 토지가치세(토지보유세)를 부과하는 것이었다. 매년 토지에 대해 일정 비율의 세금을 물린다는 것이다. 이 세금을 부과함으로써 토지로부터 나오는 지대(이익)를 환수한다는 것이다.

현재 토지를 소유하고 있는 사람은 그대로 토지를 가지게 한다. 각자 보유하는 토지를 지금처럼 자기 땅이라고 불러도 좋다. 토지매매도 허용하고 유증(유언으로 증여하는 것), 상속도 하도록 한다. 속알만 얻으면 껍질은 지주에게 주어도 좋다. 토지를 환수할 필요는 없고 단지 지대만 환수하면 된다.[*]

시대를 초월한 헨리 조지의 영향

이런 헨리 조지의 생각은 많은 영향을 미쳤다. 우리나라에서도 헨리 조지의 생각을 지지하는 지식인들, 그리고 단체들이 꾸준히 활동을 해왔다. 경북대학교의 김윤상 교수는 헨리 조지의 사상을 '지공주의'地公主義라는 개념으로 소개했다. '지공주의'란 모든 사람

---

[*] 헨리 조지, 앞의 책, 391쪽.

은 토지에 대한 권리를 평등하게 가지고 있다는 의미이다.

그리고 1980년대 후반 대한민국에서 부동산투기가 극심하던 시절, '토지공개념'土地公槪念이라는 것이 채택됐던 적도 있다. 토지는 공유재이므로 부동산투기 등으로 인해 이익을 보는 것에 대해서는 국가가 나서서 이익을 환수하고 규제를 강화하겠다는 것이었다. 그에 따라 토지초과이득세, 택지소유상한제, 개발부담금제라는 것이 도입되었다. 토지초과이득세는 토지가격 상승에 따른 초과이득에 대해 최대 50퍼센트의 세금을 부과하는 것이었다. 택지소유상한제는 대도시에서는 주택을 지을 수 있는 토지(택지)를 일정 한도(200평)까지만 소유하도록 규제하는 것이었다. 그리고 개발부담금제는 개발사업으로 인한 이익의 일부를 개발사업자로부터 환수하는 것이었다.

이 토지공개념이 도입된 때는 노태우 정권 시절이었다. 그러나 그 이후에 기득권 세력의 반발과 헌법재판소의 위헌 또는 헌법불합치 결정 등이 있으면서 토지공개념은 약화되었다. 토지초과이득세와 택지소유상한제는 폐지되었고, 개발부담금제도도 약화되었다. 소위 민주정부도 토지공개념을 되살리려는 의지는 부족했다. 노무현 정부 시절에 종합부동산세를 도입하기는 했지만, 이명박 정권이 들어서면서 그나마도 약화되었다.

비록 지금의 대한민국에서는 토지공개념이 거의 사라진 개념

이 되었지만, 이런 토지공개념도 헨리 조지의 사상과 통하는 면이
있다.

희년운동의 생각

대표적인 공유재인 토지를 어떻게 보느냐 하는 것은 매우 중요한
문제이므로, 조금 더 살펴볼 필요가 있다.

여는 글에서도 언급한 것처럼, 성경에 입각해서 토지공유를 지
지하는 흐름이 지금도 존재한다. 대한민국에도 '토지+자유연구소',
'토지정의시민연대', '희년세상', '희년함께' 같은 단체들이 활동하고
있다. 이들은 대한민국이 높은 경제성장에도 불구하고 사회양극화
가 심한 것은 토지정의가 실종되었기 때문이라고 본다.

소득의 격차도 심각하지만, 그보다 더 심한 것이 자산 격차이다.
그리고 높은 토지가격, 높은 주택가격, 전세와 월세의 급등으로 인
해 무주택자나 청년층이 겪는 고통의 정도는 매우 심각하다. 자영
업자들은 늘어났지만, 높은 임대료로 인해 "장사해서 건물주 좋은
일 시켜준다"는 슬픈 얘기들이 퍼져 있다.

실제로 대한민국의 토지편중 현상은 매우 심각하다. 우리나라는
상위 1퍼센트가 전체 과세 대상 토지의 45퍼센트를 소유하고, 상

위 5퍼센트가 토지의 59퍼센트를 소유할 정도로 극심한 토지편중 현상을 보이고 있다. 게다가 반복된 투기와 개발사업으로 인해 토지가격은 엄청나게 뛰었다. 귀농한 농민들은 높은 가격 때문에 농지를 취득할 수 없는 상황이다. 그런데 농사짓지 않는 기득권 세력은 온갖 불법과 편법을 동원해서 농지를 축적하고 있다. 헌법에 존재하는 경자유전耕者有田 원칙은 깨진 지 오래다.

헨리 조지의 토지가치세를 지지하는 한국의 지식인들은 현재 지대의 4퍼센트 정도만 징수하고 있는 토지세를 인상하여 10년 후에는 토지보유세의 실효세율이 지대의 50퍼센트 수준이 되어야 한다고 주장한다. 남기업 토지+자유연구소 소장의 계산에 따르면, 지대의 50퍼센트는 2010년을 기준으로 했을 때, 연간 75조 원가량이 된다.

구약성서의 「레위기」를 근거로 '희년'운동을 하는 단체도 있다. 성서에 따르면, 하나님은 이스라엘 백성들에게 가나안 땅을 공평하게 분배하게 했다. 이것은 하나님이 모든 사람들이 토지에 대해 평등한 권리를 누리게 한 것이다. 그런데 이렇게 분배된 토지가 사람들 사이에서 매매가 될 수 있다. 「레위기」에 따르면, 매매를 하더라도 그것은 한시적이다. 만약 토지를 판 쪽에서 돈을 마련해서 다시 토지를 사겠다고 하면 언제든지 다시 살 수 있다. 그리고 50년에 한 번씩 돌아오는 '희년'에는 무조건 성경의 가르침에 따라 본래 분

배된 대로 토지가 회복되어야 한다는 것이다

희년운동은 토지가 공유라는 성경의 가르침에 충실하자는 운동이다. 한국에서 희년운동을 하고 있는 '희년함께'의 주장은 읽어보고 곰곰이 생각해 볼 가치가 있다.

'희년함께'가 이야기하는 토지정의

1. 모든 사람은 토지 위에서 살아갑니다.
2. 하늘과 공기, 바다와 강처럼 토지 역시 사람이 만든 것이 아닙니다.
3. 그리고 토지가치는 개인의 노력이 아닌, 인구증가, 정부정책과 같은 사회적 요인에 의해 만들어집니다.
4. 따라서 토지가치는 모든 사람이 평등하게 공유해야 하는데, 그 방법으로는 토지가치세와 공공토지임대제가 있습니다.
5. 토지가치세는 사회적 요인에 의해 만들어진 토지가치를 세금으로 환수하는 제도입니다.
6. 공공토지임대제는 공공이 소유한 토지를 개인이 사용하는 대신 토지가치를 임대료로 환수하는 제도입니다.
7. 토지가치세와 공공토지임대제를 통해 환수된 토지가치는 다른 세금을 대체하거나, 공공재정 또는 기본소득의 재원으로 사용할 수 있습니다.
8. 이렇게 토지가치를 모든 사람이 평등하게 공유하는 것을 '토지정의'라고 합니다.

토지가치는 토지 소유주가 만든 게 아니다

'희년함께'도 주장하는 것처럼, 사실 토지의 가치라는 것은 토지 소유주가 만든 것이 아니다. 명동의 땅값이 비싼 것은 명동의 땅주인이 만든 게 아닌 것이다. 비싼 토지는 교통이 편리하고, 각종 사회기반시설이 잘 갖춰져 있으며, 정부의 정책으로 상업적 '중심지'가 되거나 주거단지로 개발된 곳이다. 그것을 토지 소유주가 모두 가져간다는 것은 정당하지 못하다.

실제로 대한민국의 현실을 몸으로 부딪히면서 헨리 조지의 주장에 공감했다는 사람도 있다. 대한민국 자영업의 현실을 고발한『골목사장 분투기』에서 저자(강도현)는 아래와 같이 주장한다.

임대료, 권리금이 비싼 지역과 싼 지역을 비교해보자. 왜 임대료가 비쌀까? 유동인구가 많다. 사람이 많이 산다. 근처에 회사가 많다. 이런 대답은 너무 피상적이다. 더 본질적인 질문을 해 보자. 왜 유동인구가 많고, 사람이 많이 살고, 근처에 회사가 많을까? 전혀 어려운 질문이 아니다. 넓은 도로가 있고, 근처에 지하철역이 있으며 학교가 좋거나 넓고 쾌적한 공원이 있기 때문이다. 즉 공공투자가 많이 된 곳의 땅값, 임대료, 권리금이 높다. 물론 그것만이 높은 임대료의 원인은 아니지만 공공인프라가 좋은 지역이 아니면 임대료가 높게 형성되기 힘들다. 공공투자는 누구의 돈으로 하는가? 국민의 주머니에서 나온 세금으로 한다. 즉 세금으로 투자했는데 그 열매는 토지를 사적으로 소유한 토호 세력과 권리금 장사치들이 챙긴다.

헨리 조지의 주장은 간단하다. 공공투자로 발생한 투자이익은 다시 공공이 거둬들여야 한다. 이런 관점으로 임대료, 권리금 문제를 바라보면 그 어려운 부동산 문제의 실마리가 보인다.[*]

실학자 등 토지공유를 주장한 흐름들

토지공유에 대한 생각은 서양의 것만은 아니다. 우리나라에서도 이런 생각은 과거부터 이어져왔다. 조선 후기 실학자인 유형원, 이익, 박지원, 정약용의 공통적인 관심사는 바로 토지제도였다. 지주에게 토지가 집중되고 농지 없는 농민이 어려움을 겪는 것을 보면서 토지제도야말로 사회개혁의 핵심이라고 생각했던 것이다.

실학자인 반계 유형원 같은 사람은 고대 중국의 정전제井田制를 바탕으로 개인의 사적 토지 소유를 제한하고 모든 토지를 국유지 또는 공유지로 할 것을 주장했다. 요즘에 이런 주장을 하면 또 '빨

---

[*] 강도현, 『골목사장 분투기』, 북인더갭, 2014, 130쪽.

갱이'로 몰았을 것이다. 그러나 조선 후기의 실학자들이 이념 때문에 이런 주장을 한 것은 아니다. 당시에 농민들이 겪고 있는 고통을 외면할 수 없었던 것이다. 이처럼 토지가 독점적 소유의 대상이 되어서는 안 된다는 것은 동·서양 모두에서 매우 널리 퍼져 있던 생각이다.

이런 생각은 지금의 대한민국 헌법에도 일부 담겨있다. 헌법 제121조 제1항은 "국가는 농지에 관하여 경자유전의 원칙이 달성될 수 있도록 노력하여야 하며, 농지의 소작제도는 금지된다"라고 규정하고 있다. '경자유전'이란 농사를 짓는 농민이 농지를 보유할 수 있어야 한다는 것이다. 모든 사람이 토지에 대해 평등한 권리를 갖는다는 생각이 농지와 관련해서는 우리 헌법에도 일부 담겨있는 것이다.

그런데 어느 순간에 우리 사회는 그런 사고를 잊어버렸다. 토지를 철저하게 사적 소유의 대상으로 보고, 토지를 통해 이득을 얻는 것에 몰두하는 것이 당연시되는 사회가 되었다. 헌법에 있는 경자유전의 원칙도 무너졌다. 농민이 아닌 사람이 소유하고 있는 농지의 비율은 점점 더 올라가고 있다. 이미 최소 60퍼센트 이상의 농지가 농민 아닌 사람들에 의해 소유되고 있는 것으로 추정된다.

도시의 비싼 토지 위에 지어진 건축물은 토지와 합체되어 탐욕의 화신이 되었다. 그 속에서 살아가는 세입자들은 과중한 월세와

제헌헌법에 드러난 평등주의와 공유사상

제헌헌법은 상당히 평등지향적인 헌법이었다. 기본소득에 대해 언급한 것은 아니지만, 공공성을 강조하고 천연자원은 공유라는 생각을 담고 있었다.

"중요한 운수, 통신, 금융, 보험, 전기, 수리, 수도, 가스 및 공공성을 가진 기업은 국영 또는 공영으로 한다." 이것은 바로 대한민국 제헌헌법 제87조에 나오는 얘기다. 중요한 산업은 국가나 지방자치단체만 경영하도록 한 것은, 이것을 사유화할 경우에는 위험하다고 봤기 때문이다.

또한 제헌헌법 제85조는 "광물 기타 중요한 지하자원, 수산자원, 수력과 경제상 이용할 수 있는 자연력은 국유로 한다"고 규정하고 있다. 이런 부분들은 공유재로 본 것이다. 그리고 농지는 농민들에게 분배하도록 하는 내용도 담겨 있었다.

심지어 제헌헌법 제18조는 "영리를 목적으로 하는 사기업에 있어서는 근로자는 법률의 정하는 바에 의하여 이익의 분배에 균점할 권리가 있다"고 규정하고 있었다. 기업의 이익은 노동자들에게도 균등하게 분배되어야 한다는 생각까지 헌법에 담겨 있었던 것이다. 이것은 임시정부의 생각이기도 했다. 공유재, 그리고 공공성이 필요한 사업을 '사유화'해서 돈을 버는 것은 당연한 일이 아니라는 게 대한민국의 헌법정신인 것이다.

그러나 이런 헌법조항들은 이승만 정권과 박정희 정권에서 하나하나 삭제되거나 수정되었다. 이것은 헌법정신의 훼손이었다.

그리고 이런 이야기에 대해 색깔론을 덧씌우지는 않았으면 한다. 제헌헌법은 보수세력이 '건국의 아버지'로 떠받드는 이승만 전 대통령이 국회의장을 맡고 있던 제헌국회에서 통과된 것이었다.

전세부담으로 고통을 겪게 되었다.

이제는 본래 공유재였던 토지를 다시 공유재로 돌리는 방법을 고민해야 한다. 헨리 조지의 생각처럼, 토지에서 나오는 수입(지대)을 환수해야 한다. 그리고 그것을 기본소득의 재원으로 삼는 방안을 고민해야 한다. 만약 그런 것이 현실화된다면 토지라는 공유재를 통해 실시하는 시민배당을 받게 될 것이다.

우리 주위의 공유재들

토지 외에도 많은 천연 공유재들이 있다. 석유·석탄과 같은 지하자원, 물고기 같은 수산자원, 그리고 물(지표수와 지하수 모두), 공기, 숲, 바람, 태양 등등은 모두 공유재이다.

그런데 석유와 같은 천연자원만 하더라도, 이것을 국가 소유로 하는 나라도 있고, 그냥 사적인 소유의 대상으로 하는 경우도 있다. 표면의 토지를 사적으로 소유하고 있으면, 그 지하에 있는 자원의 소유권까지도 인정하는 식인 것이다.

대한민국의 경우에는 어떨까? 대한민국의 헌법 제120조 제1항은 "광물 기타 중요한 지하자원·수산자원·수력과 경제상 이용할 수 있는 자연력은 법률이 정하는 바에 의하여 일정한 기간 그 채취·개발 또는 이용을 특허할 수 있다"라고 되어 있다. 천연자원을 공공의 것으로 보되, 개인이나 기업이 일정 기간 채취·개발·이용할 수 있게 한 것이다.

그러나 실제로는 이런 천연자원들을 토지 소유자들이 무분별하게 쓰는 바람에 문제가 생기고 있다. 예를 들면 제주도의 지하수 문제가 있다.

요즘 제주도에서 살고 싶어 하는 사람들이 늘어나서, 제주도의 인구는 계속 늘고 있다. 그런데 제주도는 섬이다. 생태적 용량의 한계가 있을 수밖에 없다. 특히 제주도는 지하수에 의존하는 섬이다. 제주도는 화산섬이어서 비가 오면 곧바로 바다로 흘러가거나 지하로 스며든다. 지하로 스며든 물은 지하수가 되고, 바닷가에서 솟아난다. 옛날에는 물이 나오는 바닷가 주변에 사람들이 몰려 살았다. 그러나 지하수를 뽑아 쓸 수 있게 되면서 중산간이 개발되고 있다.

특히 골프장, 리조트를 포함한 각종 개발사업이 중산간에서 벌어지고 있고, 그곳에서 엄청난 지하수를 뽑아 쓰고 있다. 제주도의 골프장이 쓰는 지하수의 양은 2011년 422만 톤에서 2013년에는 531만 1천 톤으로 크게 늘었다. 이런 상황에서 인구가 계속 늘어나니 제주도는 앞으로 물 문제가 심각해질 수밖에 없다.

제주도의 지하수는 공유재다. 본래 누구의 것도 아니었다. 자연이 준 선물이다. 그런 지하수를 무분별하게 쓰는 것에 대해서는 규제가 필요하다. 골프장이나 리조트의 지하수 사용에 대해서는 매우 무거운 부담금을 물려야 한다.

이처럼 우리 주위에는 다양한 공유재가 있다.

탄소배당으로 기후변화를 막자

다시 기본소득 얘기로 돌아오자. 기본소득이 시민배당으로서의 성격을 갖고 있다는 것은 이제 이해할 수 있을 것이다. 토지 같은 공유재를 사유화해서 얻는 수입(지대)을 환수해서 공동체의 구성원들에게 배당금을 지급하자는 생각도 얘기했다.

생태위기 문제를 해결하는 데에도 이런 방식을 적용해 볼 수 있다. 온실가스 배출이나 원전에서 핵연료를 사용하는 행위에 대해 '생태부담금'을 매겨, 그 돈을 시민배당의 재원으로 사용하는 것이다.

실제로 그런 제안을 하고 있는 단체가 있다. 미국과 캐나다를 주요 활동 기반으로 하는 시민단체 '기후변화 시민로비단'Citizens' Climate Lobby은 '탄소부담금과 시민배당법'Carbon Fee and Dividend Act을 제정하는 것을 추진하고 있다.

이 제안의 요지는 간단명료하다. 이산화탄소 1톤당 15달러의 탄소부담금을 매기기 시작해 매년 톤당 10달러씩 부담금 규모를 올려나간다는 것이다. 2년 차에는 1톤당 25달러, 3년 차에는 35달러, 이런 식으로 올린다는 것이다.

이 부담금은 미국의 온실가스 배출량이 1990년 배출량의 10분의 1 수준으로 줄어들 때까지 계속 부과된다. 이렇게 탄소부담금이 부과되면 기업들은 화석연료를 덜 사용하고 온실가스 배출을 줄이는 방향으로 움직일 수밖에 없다. 옷을 만들더라도 화석연료를 덜 사용해서 만들게 되거나, 자연에서 나오는 재료를 이용하게 될 것이다. 지금까지는 싸다는 이유로 석탄을 사용한 화력발전이 많이 이뤄졌지만, 이런 식으로 탄소부담금을 매기게 되면 석탄을 사용해서 전기를 생산할 생각은 못 하게 될 것이다. 탄소부담금이 자연스럽게 온실가스 배출을 줄이는 경제, 즉 저탄소 경제로 전환하게 만드는 것이다.

그리고 탄소부담금으로 걷힌 돈은 다른 곳에 쓰지 않고 100퍼센트 시민들에게 배당금 형식으로 나눠주자는 것이다. 이렇게 배당금을 지급하는 이유는, 탄소부담금이 부과되면 당장 물가가 올라 가정에 부담이 될 수 있기 때문이다. 석탄, 석유 같은 화석연료를 당장 전부 사용하지 않을 방법은 없다. 그래서 화석연료를 사용해서 만드는 물건 값은 올라갈 수 있다. 그렇기 때문에 탄소부담금으로 걷은 돈으로 시민들에게 매달 또는 1년에 한 번 배당금을 균등하게 지급하자는 얘기다.

실제로 이 단체는 이렇게 배당금을 지급했을 때의 효과에 대해 계산을 해 보았다. 이렇게 배당금을 지급하면, 미국 가정 중의 66퍼센트는 탄소부담금 제도가 생기기 전보다 오히려 더 이득을 보게 된다. 물가 상승에 따라 늘어난 부담보다는 배당금으로 지급

받는 돈이 더 많기 때문이다. 그리고 배당금을 받은 가정의 입장에서는 선택지가 생긴다. 그 돈을 날로 비싸지는 화석연료 제품을 그대로 구입하는 데 쓸 수도 있지만, 다른 선택을 할 수도 있다. 온실가스 배출을 적게 하는 제품을 구입할 수도 있고, 소비를 줄이고 저축을 하거나 다른 용도로 쓸 수도 있다. 재생가능에너지 협동조합에 돈을 내거나 에너지효율을 높이는 데 돈을 쓸 수도 있다. 기왕에 온실가스 배출 때문에 받는 돈이니, 그런 선택을 하는 게 더 기쁨을 얻는 선택일 수 있다면? 그 경우에는 저탄소 경제로의 이행이 더 빨라질 수 있다.

이런 효과를 기대하고 '기후변화 시민로비단'은 탄소부담금과 시민배당을 연계한 입법이 통과될 수 있도록 시민 로비를 하고 있다. 화석연료에 지원되는 보조금을 철폐하는 것도 목표로 하고 있다.

이 제안은 보수와 진보를 불문하고 기후변화를 걱정하는 사람들로부터 지지를 받고 있다. 이런 제안이 주목받는 이유는 그만큼 기후변화에 대한 대응이 절실하게 필요하기 때문이다. 온실가스 배출을 줄이려면 화석연료에 대해 높은 세금이나 부담금을 매기는 것이 필요하다. 그래야 기업들은 화석연료 사용을 줄일 것이다. 화석연료를 사용하는 제품은 값이 올라가 경쟁력을 상실하게 되고, 화석연료를 사용하지 않는 제품들이 자연스럽게 경쟁력을 갖게 되기 때문이다. 이를 통해 경제가 저탄소 경제로 전환하게 되는 것이다.

그러나 화석연료와 연관된 기업들은 당연히 이런 정책에 반발한다. 이들은 탄소세나 부담금은 기업활동을 위축시키고 물가를 올릴 것이라고 주장한다. 특히 물가가 오른다는 논리는 시민들을 멈칫하게 만드는 효과가 있다. 아무리 기후변화 대응이 중요하다지만, 당장 먹고사는 게 어려워지는 걸 반길 사람은 많지 않기 때문이다.

실제로 탄소세를 걷다가 중단한 사례도 있다. 호주의 경우에는 노동당과 녹색당이 협력해서 탄소세를 도입했는데, 보수 쪽에서 공격을 해서 다음 선거에서 정권을 뺏기는 일도 있었다. 그래서 탄소세에 대한 시민들의 저항감을 의식해서 '기후변화 시민로비단'은 굳이 세금^{tax}라는 말을 쓰지 않고 탄소부담금^{fee}라는 말을 쓴다. 세금은 정부가 어떻게 쓸지 모른다는 불신이 있는 만큼, 걷은 돈은 100퍼센트 시민들에게 배당을 주겠다는 것을 강조하기 위해 부담금이라고 하는 것이다. 그리고 탄소부담금으로 걷은 돈으로 시민들에게 탄소배당금을 주게 되면 물가가 올라도 감당할 수 있다. 특히 가난한 사람들의 경우에는 소비량이 적기 때문에, 물가가 오르는 데 따른 부담보다는 배당금으로 받는 돈이 더 크게 된다. 그래서 불평등을 완화하는 효과도 거둘 수 있다.

이미 현실화되고 있는 탄소배당금

작은 규모이지만, 이런 제안을 실천에 옮기고 있는 사례도 있다. 캐나다의 브리티시콜롬비아 주에서는 2008년부터 탄소배당금 carbon dividend을 지급하고 있다. 온실가스 배출에 대해 주정부 차원에서 탄소세를 걷어서 그 중 일부를 시민배당금으로 지급하고 있는 것이다. 1년에 100달러 정도(저소득층의 경우에는 100달러 추가 지급)의 작은 규모이지만, 탄소배당을 현실화하고 있는 사례이다. 재미있는 것은, 이 돈이 지급되기 시작하자, 여러 곳에서 "이 돈을 그냥 쓰지 말고 모아서 의미 있는 곳에 쓰자"는 얘기들이 나왔다는 것이다. 당장 돈이 급한 사람이야 필요한 곳에 써야겠지만, 그렇지 않은 사람들은 "이 돈을 어떻게 쓰지?" 하는 즐거운 상상을 하게 된다.

'기후변화 시민로비단'과는 조금 다른 방식으로 접근하는 사례도 있다. 탄소에 부담금을 매기는 것은 아니지만, 탄소배출량의 상한선을 규제하고 탄소배출권을 경매에 부쳐서 그 돈으로 시민배당을 하자는 제안도 나온다. 2009년 미국 민주당 상원의원인 마리아 캔트웰은 탄소배출권 경매 수익의 4분의 3을 소비자에게 환급하는 내용의 법안을 제안했다. 그리고 2014년 미국 민주당의 크리스 반 홀런 하원의원은 '건강한 기후와 가정안정법'The Healthy Climate and Family Security Act이라는 이름의 법안을 발의하기도 했다. 이 법률은 탄소배출권 경매 수익의 100퍼센트를 분기별로 시민들에게 나눠준다는 내용을 담고 있다. 이를 통해 온실가스 배출을 줄이고 가정경제에도 도움이 되게 하겠다는 것이다. 한마디로 두 마리 토끼를 잡자는 제안이다.

만약 화석연료에 대해 이렇게 부담금을 매긴다면, 원전에서 사용하는 핵연료에 대해서도 동일하게 접근해야 한다. 화석연료에 대해서만 부담금을 매기면 핵연료가 상대적으로 싸져서 원전이 유리해질 수 있기 때문이다. 만약 원전에서 사용하는 핵연료에 대해 이런 식의 부담금을 붙이고 그 돈을 시민들에게 배당한다면 어떻게 될까? 원전에서 나오는 전기는 그만큼 비싸지고, 그 전기를 대량으로 사용하는 기업들의 부담은 늘어나게 될 것이다. 이는 탈원전의 필요성을 더욱 강화할 것이다. 그리고 배당금을 지급 받은 시민들이 협동조합을 만들어 그 돈으로 재생가능에너지에 투자한다면? 그렇게 되면 기본소득은 탈원전, 탈화석연료의 경제로 이행하는 데 중요한 도구가 될 수 있다. 이제는 이런 상상력이 필요한 때다.

세금의 정당성도 공유에서 나온다

공유재에서 나오는 수익을 배당하고, 탄소세(탄소부담금)를 걷어서 배당한다. 그 외에는 또 없을까? 사실 개인이 벌어들이는 소득에 대해서도 다시 생각해 봐야 한다.

이계삼은 2014년 3월 7일자 『한겨레』에 쓴 「세 모녀 자살과 기본소득」이라는 칼럼에서 아래와 같은 질문을 던진다.

삼성 스마트폰으로 거둔 천문학적인 수익을 왜 이건희와 주주들만 가져가야 하는가? 삼성 스마트폰은 이건희와 삼성 직원들이 '창조'한 것이 아니다. 그것은 인류가 지난 수천 년 쌓아온 수학의 성과에 가장 크게 기대고 있고, 따라서 12세기 중동의 어느 이슬람사원 서고에 쌓여 있는 수학 관계 고대 문헌을 정리한 어느 수도승에게도 빚지고 있는 것이며, 스마트폰에 들어가는 공업용 다이아몬드를 만들어낸 수억 년의 지질형성운동에도 빚지고 있으며, 반도체 칩을 만들며 유독성 화학물질을 들이마시다 백혈병으로 세상을 떠난 황유미에게도 빚지고 있는 것이다. 요컨대 부는 사회적으로 형성된 모두의 것일진대, 그 끄트머리에서 자본을 댄 소수 주주와 경영자와 직원(그것도 정규직)들이 독점하는 것은 이치에도 맞지 않고, 정의롭지도 않은 것이다.

덧붙일 것이 없는 명쾌한 주장이다. 바로 이런 근거에서 높은 소득세율로 세금을 걷어 기본소득을 지급하자는 주장도 제기된다.

허버트 사이먼은 1978년 노벨경제학상을 받은 학자이다. 그는 정치학, 경제학, 경영학, 심리학 등에 큰 영향을 끼친 학자이다. 그는 앞에서도 언급한 것처럼, 개인이 이루는 성과는 90퍼센트 이상이 '축적된 사회자본'(과학적 지식이나 사회제도 등)에 의존한다고 보았다. 한마디로 자기가 잘나서 돈을 많이 버는 게 아니라는 것이다.

그는 1998년에 미국 사람들이 1인당 2만 5천 달러의 소득을 버는 원인의 3분의 2는 그 사람이 미국에서 태어났기 때문이라고 주장한다. 과거로부터 내려온 지식이나 사회제도 등이 '공통의 유산' common patrimony으로 미국에 쌓여 있다는 것이다. 그는 이 공통의 유산에 해당하는 몫을 공동체에 내는 것은 당연하다고 본다.

그래서 그는 모든 소득에 대해 70퍼센트의 단일세율flat tax로 과세해서 기본소득의 재원으로 사용하자는 주장을 한다. 그는 이렇게 하면 미국 정부가 필요로 하는 재정을 모두 충당한 다음에도, 모든 미국 사람들에게 1년에 8,000달러를 기본소득으로 지급할 정도의 세금이 걷힌다고 주장했다. 4인 가구면 3만 2천 달러에 해당하는 돈이다. 이것도 참고할 만한 주장이다.

상상 없이 변화 없다

이제 정리를 해 보자. 계속 강조한 것처럼, 기본소득은 시민배당의 성격을 갖는다. 한 사회의 공유재로부터 나오는 수입의 일부를 거둬들여 시민들에게 배당을 주는 것은 정당한 근거를 가진 것이다. 또한 기후변화와 같은 생태위기의 시대에, 이런 문제를 해결하기 위해서도 시민배당이라는 아이디어가 적용될 수 있다. 온실가스 배출에 탄소부담금을 걷어서 지급하는 배당금은 '환경을 지키는 기본소득'으로 볼 수 있다.

고소득자들이 올리는 높은 소득 중에서도 사회공동체에 기반한 몫이 있다. 그것도 공평하게 배분하는 것이 필요하다.

이런 주장에 고개를 끄덕이면서도, "과연 그런 사회가 가능할까?" 하는 생각을 할 것이다. 그러나 상상 없이 변화 없다. 모든 중요한 변화는 상상에서 시작되었다. 노예제 없는 세상을 상상했기 때문에 노예제가 폐지되었다. 모든 사람에게 투표권이 주어지는 세상을 상상했기 때문에, 그것이 이루어졌다. 이제는 모든 사람이 자신의 권리로서 기본소득(시민배당)을 받는 것을 상상해 보자.

참나무와 지구: 공유에 관한 중요한 생각들

공유에 대해 생각해 볼 만한 얘기를 남긴 몇몇 사상가들이 있다. 그 얘기들을 소개해 본다.

현대 산업문명에 대해 근본적 비판을 한 사상가인 이반 일리치는 식량, 연료, 신선한 공기, 삶의 공간은 공정하게 분배되어야 하고, 젊은이나 노인, 장애인이나 대통령 모두에게 평등하게 최대치가 분배되어야 한다고 얘기했다. 그는 공유의 의미를 되새기게 하는 '참나무' 이야기를 남겼다.

> 한 그루의 참나무는 공용(공유)으로 볼 수 있습니다. 여름이면 그 그늘을 양치기와 양떼 몫으로 둡니다. 도토리는 돼지와 이웃 농민을 위해 남겨둡니다. 마른 가지는 마을의 과부가 쓸 땔감이 됩니다. 봄이면 갓 자란 가지 몇 개를 엮어 교회의 장식용으로 씁니다. 그리고 해거름에는 마을 사람들이 모이는 장소가 되기도 합니다. (이반 일리치, 『과거의 거울에 비추어』, 권루시안 옮김, 느린걸음, 2013, 66쪽)

J. K. 깁슨-그레이엄 등은 지구를 텃밭에 비유하면서, 지구 자체가 공유재라는 것을 강조했다. 작게는 참나무 한 그루이지만, 크게는 지구가 공유재인 건 분명하다.

> 우주비행사의 눈으로 지구라는 행성을 바라본다고 생각해보자. (…) 지구는 우리가 고된 노동을 하는 거대한 하나의 텃밭이라고 볼 수도 있다. 우리는 이 텃밭에서 땅을 갈고 식량과 잠잘 곳, 그리고 우리가 살아가는 데 필요한 모든 형태의 재화와 서비스를 생산한다. 이것은 우리의 공유재이기도 하다. 우리와

모든 생명체들이 공유하(고 유지하며 지켜야 하)는 대상인 것이다. (J. K. 깁슨-그레이엄, 제니 캐머런, 스티브 힐리, 『타자를 위한 경제는 있다』, 황성원 옮김, 동녘, 2014, 18~19쪽)

그러나 이런 공유재는 점점 더 훼손되고 사유화되어 왔다. 그것을 정당화하는 논리도 개발되었다. 1968년 가렛 하딘(Garrett Hardin)은 '공유지의 비극'이라는 표현을 개발했다. 사유화를 정당화하기 위해 많이 인용되는 얘기이다.

수많은 목동들이 사용하는 공유지인 목초지가 있다면, 모든 목동들은 수익을 극대화하기 위해 자신이 돌보는 가축의 수를 계속 늘리게 된다는 것이 가렛 하딘의 가정이다. 그렇게 되면 각각이 키우는 가축 수가 늘면서 공유지는 갈수록 황폐해지게 된다는 것이다.

그러나 그 이후의 연구에 의해 하딘의 가정은 사실이 아닌 것으로 입증되었다. 엘리너 오스트롬(Elinor Ostrom)은 세계 전역에서 공유재들이 수천 년간 잘 유지되고 있는 사례들을 연구했다. 그는 공유재를 잘 유지하고 돌볼 수 있는 규약이 만들어지고 사람들이 책임 있게 행동하면 공유지는 잘 관리될 수 있다는 것을 입증했다. 엘리너 오스트롬은 이 연구로 2009년 노벨경제학상을 받았다.

그러나 지금도 '공유지의 비극'은 사유화를 정당화하는 사람들이 써먹는 단골메뉴가 되고 있다. 실증적 근거도 희박한 얘기인데도 말이다.

2

기본소득이 가져올 변화, 해방과 전환

다시 '해방'이다

기본소득은 다른 사회, 다른 삶을 상상하는 입구라고 할 수 있다. 우리는 '자유'라는 말을 쓰지만, 지금의 사회를 보면 자유는 형식화되고 있다.

특히 대한민국은 매우 심각한 상황이다. 세계에서 가장 긴 편에 속하는 노동시간, 어릴 때부터 시작되는 과도하고 비인간적인 경쟁, 사회 속에 존재하는 차별과 억압, 그리고 인간의 영혼을 갉아먹는 불안과 불평등. 이 모든 것들이 중첩되어 있다.

그래서 대한민국에서는 '다른 삶'을 상상하기가 어렵다. 모두들 이미 '주어진 틀' 내에서만 살도록 강요당하고 있다. 사회 시스템 자체가 그렇게 되어 있고, 사람들의 의식도 그런 시스템의 포로가 되어 있다.

과거에 사회운동의 구호에는 '해방'이라는 단어가 흔히 등장했다. '인간해방', '노동해방' 같은 단어들이 사용되었다. 그리고 더

옛날로 가면 '노예(노비)해방' 같은 단어도 있었다. 대한민국이 일본의 식민지에서 벗어난 것도 '해방'이었다.

'해방'이란 굴레에서 벗어난다는 의미이고, 사람의 자율성과 독립성을 회복한다는 의미이다. 진정으로 자유의 기쁨을 누린다는 의미이다.

나는 '해방'을 위해 기본소득이 필요하다고 생각하다. 기본소득은 여러 굴레에 매인 사람들에게 '진정한 자유'를 보장하기 위한 수단이다. 어떻게 기본소득이 '해방'의 효과를 가져올 수 있는지 한번 상상해 보자.

'대학 안 가고 자립할 수 있는 사회'를

기본소득이 지급되었을 때 가장 먼저 바뀔 수 있는 것이 교육이다. 지금 한국에서는 대학을 가는 것이 당연시된다. 대학을 가지 않으면 '괜찮은 일자리'를 구하기 어렵다는 생각이 퍼져 있기 때문이다. 대학을 안 가면 여러 가지 차별을 받을 수 있다는 것도 대학에 집착하게 만드는 이유이다.

기존의 진보 진영에서 얘기해 왔던 정책들도 대학에 간다는 전제에 서있는 정책들이다. 대학입시제도 개혁, 반값등록금 같은 애

기들이 그런 것이다.

그러나 대학을 안 가는 청년들이 많아지고, 그 청년들이 사회에서 정당한 대우를 받고 살아갈 수 있는 사회가 더 바람직하지 않은가? 이런 질문을 던져 본다. 어차피 대학을 졸업해도 '괜찮은 일자리'를 구하기는 점점 더 어려워지는 상황이다.

대한민국의 대학진학률은 매우 높은 편이다. 고교 졸업생의 대학진학률이 70~80퍼센트대에 달한다. 그러나 이런 통계에 따르더라도, 대학에 가지 않는 청년들이 최소 20~30퍼센트는 존재한다. 고등학교도 졸업하지 않고 중도에 학교를 그만두는 청소년들도 꽤 많다. '반값등록금' 정책을 펴더라도, 이런 청년들에게는 혜택이 돌아가지 않는다.

다시 강조하지만, 대학을 졸업해도 일자리를 구하기는 어려운 실정이다. 통계청에 따르면, 2013년 청년 고용률은 38.7퍼센트라고 한다. 2006년 43.2퍼센트에 비해서도 4.5퍼센트 떨어졌고, 29년 만에 최저 수준이다. 그런데 대학을 다니려면, 등록금과 생활비로 엄청난 돈을 써야 한다. 형편이 어려운 청년은 그 돈을 마련하기 위해 대학을 다니면서 저임금 알바에 시달려야 한다.

이런 상황에서, 대학에 가야 한다는 것을 전제한 교육정책이 적절한 것일까? 차라리 모든 청년들에게 기본소득을 지급하는 것이 더 정당한 정책이 아닐까?

대학 자체의 문제점에 대해서도 솔직하게 지적을 해야 한다. 대한민국의 대학은 이미 연구를 하고 진리를 탐구하는 공간으로서의 의미를 거의 상실했다. 취업을 위한 졸업장 발행기관이 되었다고 하면 너무 심한 표현인가?

물론 모든 대학에 대해 일률적으로 말하는 것이 적절치 않을 수 있다. 교수나 학생 중에서는 열심히 연구하고 공부하는 사람도 있다. 그러나 대한민국의 전체 대학을 놓고 봤을 때, 과연 대학이 무슨 의미를 가지는지 회의를 하지 않을 수 없다. '졸업장'이라도 받아야 덜 불안하다 보니, 부모든 청소년들이든 대학엘 가야 한다고 생각한다. 불안심리가 현재의 구조를 지탱하고 있는 것이다.

그래서 이런 구조에서 벗어나는 방안은 어느 정도 파격적일 수밖에 없다. 만약 청소년·청년에게 기본소득이 지급된다면, 진로와 관련해서도 여러 가지 가능성들을 생각할 수 있을 것이다. 자립성도 강화될 것이다. 스스로의 인생에 대해 스스로 결정할 수 있는 최소한의 경제적 기반이 생기기 때문이다.

기본소득을 받아 대학에 가고 싶은 사람은 대학에 가고, 대학에 가지 않고 "나는 기본소득 받으며 다른 일 찾아보겠다"고 하는 청년들은 다른 가능성을 찾으면 된다. 음악을 좋아하는 사람은 음악을 할 수 있고, 공부가 하고 싶더라도 대학 바깥에 있는 다양한 공간에서 관심 있는 것을 배울 수도 있다. 그렇게 하다가 꼭 필요하면

나중에 대학을 가도 된다.

1장에서 살펴본 것처럼, 토머스 페인 같은 사람은 200년도 더 전에, 청년들에게 기본소득을 주자고 제안했었다. 물론 1회적인 것이기는 했지만, 당시 노동자 평균연봉의 절반이 넘는 액수를 21세가 되면 무조건 지급하자고 제안했다. 이런 식의 발상을 오늘로 가져오는 것도 생각해 봐야 한다. 청년에게는 매년 지급되는 기본소득 외에도 일정 연령(예를 들면 20세)이 되었을 때에 일시금을 추가로 줄 수도 있다. 사회생활을 시작하는 청년에게 사회공동체가 최소한의 경제기반을 마련해주는 것이다. 이런 방법으로 팍팍하게 살아가는 청춘을 해방시킬 수는 없을까?

중산층 붕괴, 노인빈곤에 대한 유일한 대책

청년만이 문제가 아니다. 더 이상 일자리가 만들어지지 않으면서 중산층이 붕괴되고 있다는 얘기가 곳곳에서 나온다. 이렇게 가면, 경제성장이 되든 안 되든 간에 임금소득으로 생활을 보장받기는 어려워진다. 그리고 그것은 중산층의 붕괴로 이어질 수밖에 없다. 당연히 불평등은 점점 더 심해진다.

미국의 경제학자인 타일러 코웬Tyler Cowen은 21세기의 미국은 점점 더 불공정하고, 불평등해지고 있다고 말한다. 상위 10퍼센트 정도는 부유하지만, 나머지 90퍼센트는 점점 더 가난해지고 있다는 것이다. 이런 현상은 미국뿐만 아니라 대한민국도 마찬가지이다.

이런 상황이기 때문에, 발상의 전환이 필요하다. 미국에서 기본소득을 주장하는 피터 반스Peter Barnes는 '모두를 위한 일자리'(완전고용)는 낡은 발상이라고 본다.* 안정된 급여를 보장하는 일자리가 더 이상 만들어지지 않는다는 객관적 현실을 무시한 얘기라는 것이다. 그래서 그는 '모두를 위한 비노동소득'nonlabor income이 필요하다고 본다. 소득이 반드시 임금노동에서만 나온다는 생각을 버리고, 공유재로부터 배당을 받는 '비임금소득'도 있다는 것을 받아들이자는 것이다. 이 방법만이 무너지는 중산층을 지탱할 수 있다는 것이다.

노인빈곤 문제를 생각해도 그렇다. 몇 년 전 경기도 수원에서 가난으로 어려움을 겪고 있는 분들을 대상으로 강의를 할 일이 있었다. 강의가 끝나고 나서 한 분이 질문을 했다. 노인이었는데, 택배 일을 하고 있다고 했다. 그러나 무릎이 좋지 않아 언제까지 일을 할 수 있을지가 걱정이라고 했다. 그분은 본인이 일을 하지 못하게 되었을 때에 부딪힐 상황에 대해 큰 두려움을 갖고 있었다.

---

* Peter Barnes, *With Liberty and Dividends For All*, Berrett-Koehler Publishers, San Francisco, 2014, 122.

이미 알려진 것처럼, 대한민국의 노인빈곤율은 기록적으로 높다. 2013년 노인빈곤율(상대빈곤율. 중간소득의 50퍼센트 이하에 해당하는 비율을 말한다)은 48.0퍼센트에 달했다. 노인 두 사람 중 한 사람은 빈곤이라는 것이다. 대한민국의 평균빈곤율 13.7퍼센트보다 노인빈곤율이 3.5배 정도 높다. 연령대를 통틀어서 노인이 가장 가난하고 불평등도 심한 것이다.

이런 노인빈곤율은 OECD 평균인 12.4퍼센트보다 몇 배나 높은 것이다. 대한민국의 노인자살률이 인구 10만 명당 81.9명으로 세계

노인기본소득과 기초연금

사실 기본소득에 관한 논의의 물꼬는 박근혜 대통령이 텄다. 박근혜 대통령은 2012년 대선에서 기초연금을 공약으로 들고 나왔다. 많은 사람들이 의아해했지만, 박근혜 대통령의 공약은 노인들에게 먹혔다. 만 65세 이상 노인 모두에게 월 20만 원씩을 지급하겠다는 것은 '노인'에게 국한된 것이기는 하지만, '조건 없는 기본소득'의 개념을 도입한 것이었다.

물론 박근혜 대통령은 당선 이후에 말을 바꿨다. 돈이 모자란다면서 '조건 없이'가 아니라 '조건을 달아서' 기초연금을 지급하고 있다. 상위 30퍼센트(재산과 소득을 고려해서 계산한다)에 해당하는 노인들을 제외하고 하위 70퍼센트에 해당하는 사람에게 1인당 최대 월 20만 원(2014년의 경우)을 지급한다. 부부의 경우에는 합쳐서 32만 원이 상한선이다.

에서 가장 높은 것이 이와 무관하지 않을 것이다.

　노후가 불안하니 사람들은 보험에 가입한다. 그러나 보험료를 몇십 년 동안 꼬박꼬박 낼 수 있는 사람이 몇 퍼센트나 될까? 결국에 보험료를 내지 못하는 상황이 되어 해약하는 사람들이 무척 많다. 해약을 하면 손해를 본다. 노후의 불안은 해소할 방법이 없다. 이러니 사람들의 마음은 불안하고 피폐해진다.

　이런 상태로부터 해방되려면 노동 여부에 관계없이 최소한의 소득이 보장되는 방법밖에 없다. 그리고 이것은 앞에서도 계속 강조한 것처럼 당연한 권리이다.

임금노동 외에도 가치 있는 '일'은 많다

　노동을 하지 않았는데, 돈을 지급한다는 것에 대해서 여전히 낯설게 느낄 수 있다. 그러나 '노동'이나 '일'의 개념에 대해서도 다시 한번 생각해 볼 필요가 있다.

　우리는 가사노동, 돌봄노동 같은 말을 쓴다. 가사노동이나 돌봄노동도 임금을 받고 하는 경우가 있지만, 그렇지 않은 경우도 여전히 많다. 자기 집의 가사노동을 하는 사람, 자기 가족을 돌보는 일을 하는 사람은 '임금'을 받는 것은 아니지만, 분명히 '일'을 하고 있다. 그리고 사회적으로도 필요하고 가치 있는 일이다. 임금을 받고 노동하는 것만이 가치 있는 일은 아니다. 세상에는 임금노동 외에도 여러 가치 있는 일들이 있다. 돈을 받지 못하지만 남을 돕는 일, 다양한 시민운동에 참여하는 일, 자발적으로 정치에 참여하는 일 등은 모두 가치 있는 일이다. 그러나 그동안 임금노동이 아닌 일은 가치를 인정받지 못해 왔다.

반대의 얘기도 가능하다. 모든 임금노동은 가치 있는 일인가? 정치인과 관료, 기업들이 우리의 생존과 안전, 행복을 위협하는 일들을 벌일 때 항상 내세우는 것이 있다. 그것은 바로 '일자리 창출'이다. 여기서 일자리란 임금노동을 의미하는 것이다.

예를 들어 원전을 확대하는 명분도 그런 것이다. 원전을 더 지어야 경제가 성장하고 일자리도 늘어난다는 것이다. 그러나 설사 이렇게 해서 일자리가 늘어난다고 한들, 그것이 사회적으로 바람직한 것인가 하는 의문을 가질 수밖에 없다. 어떤 일자리인지가 중요한 것이다.

원전을 많이 지어 그곳에서 나오는 방사성폐기물이 늘어나면, 그것을 처리할 일자리도 늘어날 것이다. 대량살상 무기를 더 만들어도 일자리는 늘어난다. 사회가 더 불평등해져서 범죄율이 늘어나도 일자리는 늘어난다. 교도소도 더 지어야 하고 교도소를 지킬 사람들도 더 뽑아야 하기 때문이다. 나쁜 먹거리를 사람들에게 제공해서 아픈 사람들이 더 많아져도 병원의 일자리가 늘어난다. 이런 일들이 많아지면 그것을 담당할 관료조직도 비대해지고, 이런 일에 돈을 투자하거나 빌려주는 곳도 늘어난다.

이런 활동은 경제성장률을 올리는 효과도 있을 수 있고 일자리를 늘리는 효과도 있다. 그러나 이런 일은 바람직하지 않고 지속가능하지도 않다. 프랑스의 지식인인 앙드레 고르는 무기를 제작하는 일이건, 사치스런 물품을 제작하는 일이건, 1회용 물품을 제작하는 일이건, 전 세계의 방사성폐기물을 처리하는 일이건 간에 고용을 창출하는 모든 일자리가 좋은 것인지에 대해 의문을 제기했다. 필요한 의문이다.

게다가 이런 식의 일자리가 늘어난다고 한들, 실제로 위험하거나 다른 사람이 싫어하는 일은 저임금·비정규직 노동자들의 몫으로 돌아가기 쉽다. 이런 일로 많은 돈을 버는 것은 극히 소수이다. 이것은 결코 사회공동체에게 바람직하지 않은 일이다.

결론적으로 말하면, 임금노동만이 가치 있는 일은 아니다. 임금을 받지 않고 하는 가치 있는 일들도 많다. 그리고 오히려 사회적으로 바람직하지 못한 임금노동도 있다. 따라서 임금노동을 해야만 소득을 얻을 수 있다는 논리에서 이제는 벗어나야 한다. 비노동소득, 즉 기본소득(시민배당)이 보장되는 시대로 가야 한다.

일을 하든 안 하든 먹을 권리는 있다

게다가 지금은 임금노동을 하고 싶어도 일자리를 구할 수 없는 사람들이 많다. 정보화·자동화로 인해 실업이 점점 더 증가하는 것이 세계적 추세이다. 어느 나라든 청년실업은 점점 더 심각해지고 있다. 찾을 수 없는 임금노동 일자리를 찾으라고 개인에게 강요하는 것도 억압이다. 저임금−불안정노동의 일자리, 또는 알바 자리 정도야 구할 수 있다고 하더라도, 이런 열악한 조건을 감내하고 임금노동을 해야 한다고 강요해야만 하는가? 이런 상황에서는 '자유'란 없고, 강요된 노동만 있을 뿐이다.

오히려 현실적인 대안은 임금노동을 하는지에 관계없이 일정한 소득을 보장하는 것이다. 그럼으로써 개인이 다양한 일(사회공동체를 위한 일을 포함해서)을 할 수 있도록 하는 것이 '없어지는 일자리'에 매달리게 하는 것보다는 인간답게 살 수 있도록 하는 길이다.

한때 "일하지 않는 자, 먹지도 말라"는 구호가 외쳐진 적이 있었다. 여기서의 '일'을 임금노동으로 국한한다면, 참 폭력적인 말이다. 그리고 일을 하든 안 하든 '누구나 먹을 권리'는 있다. 그래서 무상급식도 하는 게 아닌가? 학생에게 "공부하지 않는 자, 먹지도 말라"고 할 수 있나? 공부를 하든 안 하든 먹을 권리는 보장되어야 한다. 또한 학교 밖 청소년에게도 '건강하게 먹을 권리'는 보장되어야 한다. 자본가든, 재벌회장이든 먹을 권리는 보장되어야 한다. 그래서 무상급식이라는 표현보다는 '기본급식', 또는 '기본밥상' 보장이라는 표현이 더 적절할 수도 있다.

기본소득을 받을 권리도 마찬가지이다. 대통령이든 재벌회장이든, 가난한 사람이든 기본소득을 받을 권리가 있다. 사회공동체의 구성원이라면 누구든 동등하게 받는 것이다. 재벌회장의 손자, 손녀도 급식을 먹을 권리가 있는 것과 같은 이치이다.

이렇게 평등하게 기본소득을 보장받는 것은 사회의 윤리적 기초를 튼튼하게 한다. 똑같은 사람이고, 사회공동체의 구성원이라는 것을 매달 기본소득을 지급받음으로써 확인하게 되기 때문이다.

기본소득은 '노동'의 지위를 강화한다

좋은 일자리가 줄어들면서, 노동자들은 사용주와의 관계에서 더욱 열악한 처지로 몰리고 있다. 과거에는 함께 일하는 노동자들이 노동조합을 통해서 자신들의 권리를 주장할 수 있었지만, 이제는 그것도 어려워지고 있다. 한 작업장에서 일을 하는데도 정규직·비정규직으로 나눠져 있다. 하나로 힘을 모으기가 쉽지 않다.

또한 파업을 하기라도 하면, 당장의 생계가 보장되지 않는다. '무노동 무임금' 원칙이라는 게 있기 때문이다. 우리나라는 '노동조합 및 노동관계조정법' 제44조 제1항에서, "사용자는 쟁의행위에 참가하여 근로를 제공하지 아니한 근로자에 대하여는 그 기간 중의 임금을 지급할 의무가 없다"고 규정해 버렸다.

그래서 헌법에는 노동자들에게 파업권(노동쟁의권)이 보장되어 있지만, 실제로는 권리를 행사하기가 매우 어렵다. 작은 기업에서 일하는 노동자, 비정규직 노동자들은 더욱 그렇다. 평소에 저축해 놓은 돈도 없기 때문이다.

기본소득이 지급된다면, 최소한의 생계가 보장되므로 노동자들이 사용주에 대해 좀 더 대등한 입장에 설 수 있게 될 것이다.

그리고 기본소득의 보장은 생활임금 보장과 함께 추진되어야 한다. 비노동소득이 보장된다고 하더라도, 노동소득은 정당한 수준으로까지 올라가야 한다. 대한민국은 OECD 국가 중에서 두 번째로 저임금 노동자 비율이 높고, 임금불평등 수준도 세 번째로 높다(2012년 기준). 대한민국의 최저임금 수준은 노동자 평균임금의 40퍼센트에도 미치지 못하는 수준이다. 이것을 노동자 평균임금의 60퍼센트 이상 수준까지 올리자는 것이 '생활임금 보장'이다. 생활임금 보장은 대한민국뿐만 아니라 세계 곳곳에서 나오는 주장이다. 일자리가 줄어들면서 저임금 노동자들이 늘어나고 있는 것이 현실이기 때문이다.

하고 싶은 일을 하며 살 권리

사실 임금노동이 자신이 하고 싶은 일과 딱 맞아떨어지는 경우는 많지 않을 것이다. 그래서 많은 사람들은 직장을 옮기거나 아예 다른 분야의 일을 하고 싶어 한다. 문제는 그런 과정에서 실업급여 외에는 다른 보장책이 없다는 것이다.

아예 임금노동과 잘 맞지 않는 일도 있을 수 있다. 목공을 한다든지, 음악을 한다든지 하는 일은 당장 임금노동으로 하기는 어렵다. 스스로의 역량을 키우는 기간도 필요하기 때문이다. 역량을 쌓은 다음에도 고용되어 일하기보다는 작은 규모로라도 자립적으로 일하고 싶을 수도 있다.

이렇게 하고 싶은 일을 하며 살 권리를 보장할 수는 없을까? 특히 문화예술인들을 생각하면 그렇다. 다양한 문화예술이 꽃피는 사회가 삶이 진정으로 풍요로운 사회이다. 그런데 대한민국에서 문화예술을 하면서 먹고사는 문제를 해결하기란 쉽지 않다. 2012년 문화체육관광부가 발표한 '문화예술인실태조사'에 따르면 문학·미술·연극·영화의 종사자 가운데 '월평균수입 100만원 이하'인 경우가 66.5퍼센트에 달했다. "월수입이 아예 없다"고 답한 예술가도 무려 26.2퍼센트였다.

몇 년 전 재능 있는 시나리오 작가와 음악가가 생활고에 시달리다가 앓고 있던 병이 도져서 생명을 잃은 사건들이 있었다. 고정적 수입이 없다 보니 식사도 제때에 하지 못하고 작업을 하다가 젊은 나이에 목숨을 잃은 것이다. 참 안타까운 일이다.

만약 기본소득만 보장된다면, 문화예술인들이 하고 싶은 작업을 하며 사는 데 어느 정도는 보탬이 될 것이다. 안락한 삶은 아니라 할지라도, 최소한의 보장책은 될 것이다.

'무상=공짜' 공격에 대한 반론, 기본소득

기본소득에 대해 비판적인 입장을 가진 사람들도 있다. 특히 복지국가를 주장해 온 분들 중에 그런 의견을 가진 분들이 많다. 재미있게도, 기본소득을 지지하는 세력도 좌파부터 우파까지 걸쳐 있고, 반대하거나 비판하는 세력도 좌파부터 우파까지 다 있다.

이것이 기본소득이 가진 특성 중의 하나이다. 그런 점에서 기본소득은 보통선거제도와 유사한 면이 있다.

사실 일정 연령 이상의 모든 사람에게 투표권을 보장하는 보통선거제도가 민주주의를 실현하고 있는지에 대해서도 다양한 시각에서 비판 또는 회의가 있어 왔다. 그리고 실제로 보통선거제도가 대부분의 국가에서 도입되었지만, 그 나라의 민주주의 수준은 천

차만별이다. 여는 글에서도 언급한 것처럼, 지역구 소선거구제 중심의 선거제도를 가진 나라는 양대 정당이 정치를 독점하면서, 다양한 목소리들이 정치에 반영되지 않는다. 반면에 비례대표제 중심의 선거제도를 가진 나라에서는 우파, 좌파에 녹색당까지 제도권 내에 진입해 있는 경우가 대부분이다.

보통선거권이 보장되더라도 어떤 선거제도를 택하느냐에 따라 많은 차이가 생기는 것처럼, 기본소득도 어떻게 도입하느냐에 따라 그 결과가 달라질 수 있다.

우파의 입장에서는 기본소득을 지급하는 것으로 기존의 복지제도를 대체하자는 주장을 하기도 한다. 바로 이런 점 때문에 복지국가를 주장해 온 사람들이 기본소득을 부정적으로 보기도 한다. 복지를 약화시키는 데 기본소득론이 악용될 수 있다는 것이다.

그러나 반드시 그렇게 볼 것만은 아니다. 지금 복지국가론에 대해서는 여러 공격이 쏟아지고 있다. 대표적인 것이 무상급식에 대한 공격이다. '무상=공짜'로 규정하고, "왜 돈이 많은 집 자식에게도 무상급식을 제공해야 하느냐"는 식으로 공격이 들어온다. 다른 한편으로는, "복지가 늘어나면 게을러진다", "왜 게으르고 무능한 사람에게 세금으로 복지를 제공해야 하느냐"는 식의 얘기도 유포되고 있다.

이런 논리에 대해 헌법에 있는 '인간다운 생활을 할 권리' 같은 법조항을 들이대는 것만으로는 한계가 있다. 법논리로 극복할 수 있는 문제가 아니기 때문이다. "모두가 똑같은 사람이 아니냐"는 공감을 불러일으키는 것도 필요하다. 그러나 이미 가난한 사람들은 격리되고 배제되어 가고 있다. 공간적으로도 분리되고 있다. 도시의 반지하 같은 아주 열악한 주거공간으로, 농촌으로 밀려나고 있다. "모두가 똑같은 사람"임을 느낄 기회조차 없어지고 있는 것이다.

이런 속에서 선별적 복지냐, 보편적 복지냐 하는 논쟁이 계속되고 있다. 선별적 복지는 가난한 사람들에게 '끊임없이 가난을 증명할 것'을 요구한다. 그래서 '낙인 효과'라는 말도 나왔다. 그러나 보편적 복지를 주장하는 목소리는 계속 공격을 받고 있다.

여기에 대해 "모두가 혜택을 받는 것이 좋지 않느냐"는 식으로 접근하는 것만으로는 한계가 있다. "모두에게 권리가 있다"는 것을 확실하게 못 박는 것이 필요하다. 기본소득이 바로 그것이다. "내가 사회공동체의 구성원이기 때문에 나는 기본소득(시민배당)을 받을 권리가 있다"는 것을 명확하게 해야 한다. 그래서 기본소득은 '공짜'가 아니다. 당연히 받아야 할 것을 받는 것이 '공짜'는 아니기 때문이다.

이런 식으로 기본소득에 대한 입장이 정리되면, 복지에 관한 지금의 논쟁도 정리될 것이다. 모두가 사회공동체의 동등한 구성원이고, 모두가 존엄한 존재이므로, 모두에게 최소한의 인간다운 삶은 '권리'로서 보장되어야 하는 것이기 때문이다.

한편 기본소득은 선별적 복지제도가 갖고 있는 '낙인효과'나 관료주의를 줄일 수 있는 장점이 있다. 심사를 받지 않아도, 신청을 하지 않아도 지급하는 소득이기 때문이다. 그렇게 되면 작년에 있었던 '세 모녀 자살' 사건 같은 비극을 예방할 수 있다.

불평등 완화와 자존감의 보루

기본소득은 모든 사람에게 똑같은 돈을 지급하는 것이다. 기본소득이 지급되면 부자에게는 '푼돈'에 그칠 수 있지만, 가난한 사람에게는 상당한 힘이 된다. 당연히 불평등을 줄이는 효과도 있다.

기본소득을 지지하는 사람 중에는 기본소득이 가져오는 불평등 완화 효과는 '재분배'가 아니라고 얘기하는 사람도 있다. 사회공동체의 구성원으로서 본래 당연히 받아야 할 것을 받는 것이기 때문에 다시(재) 분배 받는 게 아니라는 것이다. 그냥 '분배'라고 하든 '재분배'라고 하든 간에 기본소득이 불평등을 완화하는 효과가 있는 것은 분명하다. 3장에서 설명하겠지만, 기본소득의 재원을 어떻게 마련하느냐에 따라 불평등 완화효과는 더 커진다. 공유재를 사유화해서 이익을 보고 있는 기업·개인들과 고소득자들에게 기본소득 재원을 많이 부담시키면 그런 효과가 나타날 수밖에 없다.

한편 기본소득은 모든 사람들에게 자존감과 자신감을 불어넣어 줄 것이다. 그 어떤 경우라도 각자에게 최소한의 기본소득이 보장되기 때문이다. 이것은 전염병처럼 퍼지는 '불안'을 줄여줄 것이다. 특히 노후에 대한 불안, 미래에 대한 불안을 해소시켜줄 것이다. 지금 형편이 되는 사람은 연금이나 보험을 통해 '불안'을 해소하려 하지만, 형편이 안 되는 사람은 마땅한 방법이 없는 상황이다.

이런 불안은 영혼을 갉아먹고 있다. 그리고 가난은 낙인이 되고 모멸감으로 이어진다. '가진 자'들은 돈의 힘으로 사람의 인격까지 지배하려고 한다. 많은 사람들의 분노를 일으켰던 대한항공 '땅콩회항' 같은 사건도 돈의 오만함이 일으킨 사건이다. 프랑스의 철학자 장 자크 루소는 『사회불평등기원론』에서 다음과 같이 말했다. 그런데 지금 대한민국의 상황이 꼭 이 모양이다.

부유한 정도가 아무리 대단하다 할지라도 다른 시민을 매수할 정도여서는 안 되며, 또 아무리 가난하다 할지라도 자신을 팔 정도로 가난해서는 안 된다.

이런 상황에서 벗어나려면 기본소득이 필요하다.

차별 없는 사회와 기본소득

여전히 뿌리 깊은 여성들에 대한 차별, 사회적 약자와 소수자들에 대한 차별이 있는 대한민국 사회에서 기본소득은 새로운 변화를 가져올 수 있다.

10년 전쯤 변호사 일을 할 때에 이런 상담요청을 받은 적이 있었다. 대학에서 예술분야를 공부했지만, 졸업과 함께 결혼을 해서 자녀를 낳아 키운 전업주부의 상담이었다. 이 전업주부는 결혼하고 10년 이상 지났지만 경제권이 없었다. 모든 돈을 남편이 관리하면서 생활비를 타 쓰는 처지였다. 그리고 말로 설명할 수 없는 '비인격적인 대우'도 받았다. 그래서 이혼을 결심하고 찾아온 것이었다. 남편 쪽은 이혼은 해 주겠지만, 돈은 한 푼도 줄 수 없다는 입장이었다. 자녀도 남편 쪽이 키우겠다는 것이었다. 억울하기는 했지만, 소송을 하지 않고 이혼합의를 하는 길을 택했다. 빨리 자유로워지기 위해서였다. 그러나 당장 이 여성은 먹고사는 것이 문제가되었다. 그나마 이 경우는 과단성이 있어서 이혼을 결심했지만, 이혼 후의 경제적 자립에 대한 걱정 때문에 이혼하지 못하고 사는 경우들도 많다. 경제적 능력이 없어서 이혼을 할 때, 자녀양육권을 포기하는 경우도 꽤 있다.

이혼을 한 후에도 빈곤에 빠질 가능성이 높다. 통계청에 따르면,

여성가구주의 빈곤율은 32.5퍼센트를 기록해 3가구 중 1가구꼴이다. 평균 빈곤율에 비해 2배 이상 높다. '여성의 빈곤화', '빈곤의 여성화'는 엄연한 현실이다. 기본소득은 이런 상황에 변화를 일으킬 수 있을 것이다. 최소한의 경제적 기반을 제공하기 때문이다.

꼭 이혼하는 경우가 아니더라도, 전업주부에게 최소한의 경제적 기반은 필요하다. 매일 가사노동을 하는데도 아무런 경제적 기반이 없다는 것은 이상하지 않은가? 만약 기본소득이 지급된다면 결혼한 여성의 경우에 가정 내·외부에서의 지위가 강화될 것이다. 물론 성평등의 실현을 위해서는 기본소득만으로 충분치 않다. 남성과 여성이 가사노동과 돌봄노동을 평등하게 분담하는 사회가 되어야 한다. 이것은 남은 과제이다.

결혼하지 않은 여성의 경우에도 기본소득은 큰 도움이 된다. 경제적 자립기반이 최소한이라도 마련되는 것은 독립성을 갖고 실질적으로 평등한 삶을 살아가는 데 중요한 토대가 될 것이다.

장애인의 경우에도 빈곤에 시달리는 경우가 많다. 특히 여성장애인의 경우에는 '여성+장애'라는 이중의 차별에 시달리는 경우가 많다. 장애인들의 취업을 지원하는 제도가 있지만, 실제로 좋은 일자리를 가지기란 쉽지 않다. 따라서 기존의 장애인 복지정책은 그대로 시행하고 더욱 확대하더라도, 이와 함께 최소한의 소득보장을 할 필요가 있다.

모든 사람에게 최소한의 소득이 보장된다는 것이야말로 실질적 평등을 위한 토대이다. 그리고 기본소득은 여성이나 청년들의 독립성을 강화할 것이다. 기본소득은 가구별이 아니라 개인별로 지급되기 때문이다. 구체적인 것은 토론을 해 봐야 하겠지만, 일정 연령 이상의 청소년에게도 직접 지급하는 것을 고려해 볼 수 있다(물론 그 이하 연령대에 대해서는 부모에게 지급하게 될 것이다). 기본소득은 어떻게 쓰는지도 각자의 책임에 맡기는 것인데, 청소년들이 일찍부터 자립하는 경험을 하는 것이 바람직하다고 생각한다.

귀농, 귀촌과 기본소득

생태적 전환을 위해서는 농업과 농촌을 살리는 것이 매우 중요하다. 귀농, 귀촌은 대도시로부터 인구를 분산시키는 효과도 가져온다. 그리고 닥쳐올 에너지 문제, 먹거리 문제를 푸는 데에도 도움이 된다. 지금처럼 인구가 대도시에 몰린 상황에서는 에너지 문제, 먹거리 문제 등에 대해 대안을 모색하는 데 어려움이 많다. 대도시는 에너지와 먹거리를 외부에 의존하는 구조이기 때문이다.

그러나 실제로는 귀농이나 귀촌이 쉽지 않다. 특히 축산이나 시설농업(비닐하우스 같은)을 하지 않고 농촌에서 어느 정도의 소득을 올리기란 매우 어려운 것이 현실이다. 친환경농업을 하는 소농은 경제적으로 자리 잡기가 쉽지 않다.

귀농, 귀촌을 했을 때 부딪히는 어려움 중의 하나는 당장에 현금수입이 없다는 것이다. 막상 귀농을 했다가도 기본적인 현금수입이 없어 어려움을 겪다가, 다시 도시로 돌아오는 경우도 생긴다. 모아놓은 돈이 없는 사람들에게는 귀농, 귀촌도 쉽지 않다. 아마도 매월 일정액의 현금수입이 보장된다면 귀촌, 귀농을 선택하기가 훨씬 쉬워질 것이다.

기본소득이 지급된다면 청년들의 귀농, 귀촌도 활발해질 것이다. 농촌이라고 해서 농사만 지어야 하는 것은 아니다. 사람이 사는 곳이기 때문에 복지, 문화, 환경, 교육 등과 관련해서 다양한 일을 할 사람들이 필요하다. 기본소득이 보장된다면 청년들은 농촌에서 새로운 삶의 가능성을 찾기가 쉬워질 것이다. 따라서 기본소득은 가장 확실한 농촌살리기 정책이고, 수도권과 대도시에 집중된 인구를 분산시킬 수 있는 정책이다.

농민들 사이에서도 이미 양극화가 많이 진행되었다. 대규모 농사를 짓는 농민이나 축산, 시설농업을 하는 농민들에게 기본소득은 크게 와 닿지 않을 수 있다. 그러나 1년 동안 농사지어서 얻을 수 있는 현금수입이 연 1천만 원도 안 되는 소농들도 있다. 특히 친환경적인 방식으로 가족의 노동력에 의지해 농사를 짓는 소농들에게 기본소득은 반드시 필요하다.

기본소득이 지급되어 귀농 인구가 늘고 친환경농업을 하는 소농들이 늘어나는 것이야말로 가장 확실한 일자리 정책이기도 하다. 앙드레 고르는 프랑스에서 유기농업이 활성화되면 농사를 전업적으로 해서 먹고사는 사람이 5배 늘어날 것이라고 했는데, 대한민국도 그럴 것이다.

농민기본소득 도입의 어려운 점

녹색당은 2012년 총선에서 농민기본소득을 주장했다. 모든 사람에게 기본소득을 도입하기가 당장에 어렵다면, 농민부터 도입하자는 주장을 한 것이다. 한 사회의 먹거리를 책임지는 농업의 공익적 가치를 생각하면, 농민부터 기본소득을 지급하는 것은 정당하고 필요한 일이다.

농민기본소득을 제도화할 때에 어려운 점은, 농민을 규정하기가 쉽지 않다는 것이다. 「농어업·농어촌 및 식품산업 기본법」 및 시행령에 따르면, '농업인'은 아래 중 어느 하나에 해당하는 사람이다. 그러나 여기에 해당하는 사람에게 기본소득을 지급하려면, "이 기준이 맞느냐?"는 문제제기가 나올 수 있다. 이런 식의 기준을 정하게 되면 "왜 9백 제곱미터는 해당 안 되고 1천 제곱미터는 해당되느냐?"는 얘기가 항상 나올 수 있기 때문이다.

① 1천 제곱미터 이상의 농지를 경영하거나 경작하는 사람
② 농업경영을 통한 농산물의 연간 판매액이 120만 원 이상인 사람

③ 1년 중 90일 이상 농업에 종사하는 사람

④ 영농조합법인이나 농업회사법인의 농산물 출하·유통·가공·판매·수출 활동에
   1년 이상 계속하여 고용된 사람

농사를 짓느냐는 기준에 따라서가 아니라, 농촌지역에 '거주'하는 주민들에게 기본소득을 지급하자는 얘기도 있다. '농촌주민 기본소득'을 지급하자는 것이다. 이런 방법도 생각해 볼 수 있지만, 이때에도 '농촌'의 기준이 문제가 된다. 농촌지역 지방자치단체라고 하더라도 읍 지역은 상당히 도시화가 되어 있기 때문이다. 그래서 '면' 지역만 지급하는 방법도 있지만, 지역에 따라서는 '면'도 상당히 도시화되어 있는 경우가 있다.

이런 어려운 점이 발생하는 이유는, '농민' 또는 '농촌주민'이라는 조건을 붙이기 때문이다. 기본소득의 장점 중 하나가 조건이 없다는 것인데, 조건을 붙이려고 하면 여러 가지 어려운 점이 생길 수밖에 없다. 조건에 해당되는지 아닌지를 심사하는 것도 보통 일이 아니다.

그래서 가능하다면 보편적 기본소득을 지급하는 것이 바람직하다. 그렇게 되면 자연스럽게 농촌, 농업을 선택하는 사람들이 늘어날 것이다.

농촌은 도시에 비해 불편한 점도 있지만, 좋은 점도 많기 때문이다. 주거 문제를 해결하기가 쉽고, 생활비도 덜 들어간다. 그리고 환경만 잘 지켜나간다면, 삶의 질도 오히려 도시보다 높을 수 있다. 따라서 굳이 농민에 국한해서 기본소득을 지급하지 않더라도, 농촌과 농업을 살리는 효과는 나타날 것이다.

그럼에도 불구하고 단계적으로 기본소득을 도입하는 것이 현실적 방안이고, 먼저 농민부터 도입해야 한다고 하는 주장도 있으므로, 앞으로 계속 논의가 필요한 주제이다.

민주주의와 기본소득

기본소득은 민주주의의 토대를 굳건하게 만드는 제도이기도 하다. 보통선거제도를 갖고 있다고 해서 민주주의가 잘 되고 있다고 말할 수는 없다. 미국의 헨리 조지는 일찍이 보통선거제도가 낳을 결과에 대해 매우 비관적인 얘기를 했다. 19세기 당시 미국의 정치 현실이 이랬기 때문이다.

국민에 의한 정부가 최악, 최저질의 전제정부로 변화하는 현상은 부의 불평등분배에서 필연적으로 나타나는 결과인데, 이는 결코 먼 훗날의 일이 아니다. (…) 국민은 상전이 시키는 대로 투표를 한다. 정치가의 역할을 선동꾼이 차지한다.[*]

지금의 정치가 제대로 된 민주주의가 아니라는 것은 간단한 질문 세 가지로 얘기할 수 있다.

첫째, 누구나 선거에 나갈 수 있는가? 현실은 그렇지 못하다.

둘째, 누구나 투표할 수 있는가? 투표할 만큼 맘에 드는 정당(정치인)은 있는가? 현실을 보면, 먹고살기가 바빠서 누가 선거에 나왔

---

[*] 헨리 조지, 앞의 책, 517, 529쪽.

는지조차 알기 힘든 사람들도 있다. 또한 내 삶과 선거가 무슨 연관이 있는지도 알 수 없다. 늘 선거에 나오는 정당이, 늘 선거에 나올 만한 사람들을 후보로 낸다.

셋째, 모든 유권자의 투표가 존중되고 있는가? 그렇지도 못하다. 녹색당, 진보정당을 찍은 표는 사표가 되기 쉽다. 국회의원선거의 경우에는, 지역구에서는 1등을 해야 당선이 된다. 2등, 3등 후보를 찍은 표는 죽은 표(사표)가 된다. 정당을 보고 찍는 비례대표 선거에서도 득표율이 3퍼센트를 넘는 정당만 국회의원 의석을 얻을 수 있다. 그 미만을 얻는 정당에게 투표하는 표는 사표가 된다.

이런 상황에서는 정치적 무관심이 커질 수밖에 없다. 세계적으로도 정치적 무관심이 팽배해지고 있지만, 대한민국은 특히 심한 국가이다. 흥미로운 것은 시민들이 행복하고 삶의 질이 높은 국가들은 투표율이 높다는 것이다. 노동시간이 짧고 최소한의 생계가 보장되기 때문에 정치에 관심을 가질 여유가 있다는 이유도 있을 것이다. 투표율이 80퍼센트가 넘는 덴마크, 스웨덴 같은 국가들이 그런 모습을 보여준다.

정치뿐만 아니라 시민운동이나 지역사회에서의 활동, 자원봉사 활동 등을 하려고 해도 시간이 필요하다. 그리고 먹고사는 것이 어느 정도는 해결되어야 한다. 늘 먹고 살기에 허덕이는 사회에서는 그런 시간을 낼 여유조차도 없다.

만약 기본소득이 보장된다면 어떨까? 그래도 지금보다는 정치에 대해 관심을 가질 여유, 사회문제에 대해 관심을 가질 여유가 생길 것이다. 자원봉사 활동, 지역에서의 풀뿌리 마을활동 등에도 관심이 많아질 것이다. 그래서 기본소득은 튼튼한 민주주의를 위한 토대이기도 하다.

탈성장과 기본소득

생태주의자 중에서는 기본소득이 더 많은 소비를 유도해서 생태계를 더 파괴하게 될 수 있지 않느냐는 우려를 하는 사람도 있다. 기본소득을 지지하는 사람 중에 "기본소득을 지급함으로써 경제성장을 촉진할 수 있다"는 논리를 펴는 사람도 있기 때문에 그런 우려가 나오는 면도 있다.

이런 우려에 대해서는 두 가지 측면에서 짚어볼 필요가 있다.

첫째, 반대의 질문도 가능하다는 것이다. 즉, "기본소득 없이도 경제성장주의에서 벗어날 수 있을까?" 하고 되물어보는 것이 필요하다. 지금 경제성장에 대한 맹신은 거의 종교의 수준이다. 국가가 최고의 정책목표를 "경제성장률을 몇 퍼센트까지 끌어올리겠다"는 것으로 삼고 있는 상황이다. 그래서 '경제성장주의'라는 말을 쓰는 것이다.

물론 경제성장에 대한 믿음은 미신에 불과하다. 경제성장은 사람들의 행복을 보장하지 못한다. 국내총생산GDP의 증가를 의미하는 경제성장이 이뤄져도 사람들은 행복해지지 않는다는 것은 많은 조사결과들이 보여주고 있다. 경제성장을 한다고 한들 일자리도 만들어지지 않는 것이 현실이다.

오히려 경제성장을 명분으로 기업에 대한 규제를 완화하면 해고가 자유로워지고 비정규직이 양산된다. 대한민국이 그런 현실을 겪고 있다. 공공서비스를 민영화하는 명분도 경제성장이다. 원전을 더 짓는 명분도 경제성장이다. 온실가스 배출에 대한 규제를 강화하지 않으려는 명분도 "경제성장에 지장이 된다"는 것이다.

문제는 경제성장주의를 통해 이익을 얻고 있는 사람들만이 아니라, 경제성장주의로 인해 피해를 보고 있는 사람들까지도 "경제성장 없이는 먹고 살기 힘들 것"이라는 믿음에 사로잡혀 있다는 데 있다. 언론을 통해서도 이런 얘기들은 끊임없이 유포된다. 그래서 소위 '진보'라고 하는 정치인들도 경제성장주의에서 벗어나지 못한다. 경제성장을 내세워야 표가 된다는 생각에 빠져 있는 것이다.

그래서 경제성장주의로부터 벗어나는 '탈성장'이 필요하지만, 논리로 사람들을 설득하는 데에는 한계가 있다. "일자리도 줄어드는 상황에서 어떻게 살아야 할 것인가?" 하는 불안이 존재하기 때문이다. 이런 불안이 존재하는 이상, 개발주의와 경제성장주의는 이 사회를 계속 지배할 수밖에 없다. 그래서 기본소득이 필요하다.

기본소득은 '생태적 전환'에 대한 불안을 해소하고 '다른 사회', '다른 삶'이 가능하다는 확신을 사람들 사이에 퍼뜨릴 수 있을 것이다. 예를 들어 친환경농업을 해야 한다고 생각하지만, 현실적으로 돈이 필요하기 때문에 망설이고 있는 농민에게 기본소득은 '전환을 위한 버팀목'이 될 것이다. 관행농업을 하는 것보다 시장에서 얻는 소득은 줄어들더라도, 기본소득이 삶을 지탱해 주기 때문이다.

둘째, 기본소득을 잘 설계하면, 생태적 전환을 촉진하는 강력한 수단이 될 수 있다는 것이다. 알려진 것처럼, 기후변화의 속도는 너무 빠르고, 기존에 도입하거나 논의된 정책으로는 실효성 있는 대책이 되지 못한다는 것이 드러나고 있다. 획기적인 방안이 없다면, 기후변화로 인한 대재앙은 피할 길이 없다. 그래서 발상의 전환이 필요하다. 1장의 뒷부분에서 살펴본 "탄소부담금을 걷어 배당을 준다"는 아이디어가 중요한 이유가 이것이다. 생태위기 극복을 위해는 생태위기와 기본소득을 연계하는 것이 필요하다.

구체적으로는 '생태부담금·생태배당' 제도를 도입해야 한다. 기후변화를 낳는 온실가스 배출, 원전, 쓰레기(폐기물) 배출, 공장식 축산 등이 생태계에 치명적인 피해를 주고 있고, 결국에는 인간에게도 피해를 주게 될 것이다. 그런데 지금까지 이런 행위들에 대해 제대로 된 부담을 지우지 않았다. 그래서 사회적·환경적 비용은 고려하지 않고 무분별하게 환경을 파괴하는 행위들이 저질러져 온 것이다. 따라서 앞으로는 이런 행위들에 대해 정당한 비용을 부담시켜야 한다. 그것을 통틀어서 생태부담금이라고 부를 수 있을 것이다. 온실가스 배출에 대해서는 탄소부담금, 원전에서 사용하는 핵연료에 대해서는 핵연료부담금, 사업장폐기물/건설폐기물/생활폐기물에 대해서는 폐기물부담금, 공장식 축산에 대해서는 공장식 축산 부담금을 부과하는 것이다.

그리고 부담금을 매년 올리는 것이다. 그렇게 되면, 생태계를 파괴하는 행위를 통해 생산되는 제품들은 경쟁력을 상실하게 된다. 가격이 오르기 때문이다. 어차피 가격이 비싸다면 소비자들도 친환경적인 제품을 선호하게 될 것이다.

기업들을 비롯한 경제주체들은 그렇게 움직일 수밖에 없고, 그것만으로도 효과는 클 것이다. 그러나 이렇게 하면 물가가 오르게 되고, 서민들은 살기가 더 어려워진다는 지적도 나올 수 있다. 생활에 꼭 필요하지 않은 물건이야 가격이 오르면 소비를 줄일 수도 있지만, 생필품은 당장 구입하지 않을 수 없기 때문이다. 이것이 강력한 생태부담금(생태세)을 도입하려 할 때에, 큰 약점이었다. 그래서 이런 정책은 인기 없는 정책, 비현실적인 정책으로 취급당하기 쉬웠다.

그러나 이렇게 걷은 돈을 재원으로 시민들에게 조건 없이 기본소득(시민배당)을 지급하면 어떻게 될까? 당장 시민들은 물가가 올라서 사는 게 힘들어진다는 걱정을 떨치게 될 것이다.

이런 '생태부담금 징수·생태배당'은 생태위기를 극복하고 저탄소경제로의 전환, 탈핵(탈원전), 공장식 축산과 폐기물 줄이기를 위한 강력한 수단이 될 것이다. 따라서 생태주의자들도 자신감을 갖고 기본소득을 주장할 필요가 있다.

탈성장이 희망이다

* 이 책의 성격상 '경제성장'에 대해 깊이 얘기할 수는 없다. 그래서 프랑스의 경제 철학자인 세르주 라투슈가 쓴 『탈성장사회』(오래된 생각, 2010) 앞부분에 필자가 쓴 추천사를 수정해서 붙인다. 필자가 쓴 책인 『행복하려면 녹색』(이매진, 2014)도 참고가 될 것이다.

성장, 물질, 소비에 중독된 사회에서 "문제는 경제성장이야"라고 말하기는 쉽지 않다. 소위 '진보'라고 하는 사람들도 이 핵심적인 쟁점을 회피하려고 한다. "성장과 분배의 선순환" 같은 얘기를 한다. 경제성장을 해서 파이를 키워야 나눠 먹을 것도 있지 않겠느냐는 얘기를 한다.

그러나 경제성장을 추구하는 것은 생태위기와 불평등을 심화시킬 뿐이다. 그것은 지금까지의 경험이 증명한다.

경제성장을 추구할수록 기후변화, 원전의 위험, 초미세먼지 같은 문제는 심각해질 수밖에 없다. 농업은 황폐화되고 식량위기, 물위기도 심각해질 수밖에 없다. 경제성장을 맹목적으로 추구하는 사회에서는 인간의 존엄성도 지키기 쉽지 않다. 경쟁은 심해지고, 낙오된 사람들은 지워지거나 버려진다. 불평등도 심해진다. 경제성장을 위해 '공정'보다 '효율'이 강조되고, 노동권은 약화되며 비정규직은 양산된다.

그런데 대한민국은 세계에서 가장 심하게 '경제성장 중독'에 빠진 나라이다. 그 결과 세계 최고 수준의 자살률, 노인빈곤율을 보이고 있다. 노동시간이 OECD 국가 중에 두 번째로 길 정도로 장시간 노동을 하지만 소득격차, 빈부격차는 날로 심해지고 있다. 곡물자급률은 22퍼센트대에 불과해서 다가올 식량위기에 취약하고, 재생가능에너지는 OECD 국가 중 최하위 수준에 머무르고 있다. 원전밀집도 세계 1위, 온실가스 배출량 세계 7위 등등…… 대한민국은 경제성장 중독이 보여줄 수 있는 모든 문제점을 보여주고 있다.

최근에 일어난 세월호 참사도 경제성장 중독과 무관하지 않다. 대한민국에서는 "돈이나 기업의 이윤보다는 생명과 안전이 중요하다"는 상식이 무너진 지 오래이다. 경제성장을 위한다는 명분으로 안전규제를 완화한 것이 세월호 사건의 원인이 되었다.

이제 유일한 희망은 경제성장 중독에서 벗어나는 것이다. 이제는 '탈성장'이라는 단어를 외면하고 이 사회의 변화를 얘기할 수 없게 되었다.

다행스럽게도 점점 더 많은 양심적 지식인들이 오늘날 우리가 겪고 있는 위기의 본질을 직시하고 있다. 프랑스의 지식인인 '세르주 라투슈'는 '탈성장'은 경제성장이라는 이름의 종교로부터 벗어나는 길이라고 말한다.

물론 종교화되었다고 할 정도로 우리 사회를 지배하고 있는 경제성장주의로부터 벗어나는 것이 쉬운 일은 아니다. 그래서 그는 "탈성장은 도전이자 도박이다"라고 말한다.

그러나 그의 말대로 이 도전은 북돋을 만한 것이고, 그 도박은 시도해 볼 만한 것이다. 사실 '탈성장'이 도박이라고 하더라도, 우리는 그 방향으로 갈 수밖에 없다.

다른 길이 없기 때문이다.

그리고 '탈성장'의 길이 고통스럽거나 불편한 길만은 아니다. 오히려 극도의 비(非) 인간·반(反)생명의 정글이 되어버린 우리 사회가 다시 제자리를 찾아가는 길이다.

구체적으로는 국가의 정책목표에서 '경제성장률 향상', '1인당 국민소득 3,4만 달러'를 지워버려야 한다. 국가의 역할은 경제성장을 추구하는 것이 아니라 구성원들의 좋은 삶을 보장하는 것이 되어야 한다.

그래야 협동과 공생(共生) 같은 가치가 살아나고, 사람과 사람 사이의 인간적인 관계도 복원될 수 있다. 그래서 라투슈의 말처럼, '탈성장'의 길은 품위 있는 사회를 재구축하는 길이다.

3

기본소득,
꿈이 아니라 현실로

기본소득을 현실로 만들고 있는 시도들

기본소득을 국가적 차원에서 지급하고 있는 사례는 아직 없다. 그러나 1장에서 살펴본 미국의 알래스카처럼 주정부 차원에서 실시하고 있는 사례는 있다. 캐나다의 브리티시콜롬비아 주는 탄소세를 걷어서 탄소배당금을 지급하고 있다.

국가 차원에서 진지한 논의가 되고 있는 국가들은 있다. 브라질의 경우에는 기본소득을 지급하자는 법률안이 국회를 통과했다. 브라질 노동자당 소속 상원의원인 수플라시가 발의한 '시민기본소득법'은 2002년 상원과 2003년 하원에서 승인되었다. 그러나 이 법안은 10년이 넘게 시행되지 못하고 있다. 재정문제 등을 이유로 발목이 잡힌 것이다. 그러나 국가 차원의 법률안이 통과되었다는 것은 매우 주목할 만한 일이다.

한편 2013년 스위스에서는 모든 국민들에게 기본소득을 지급하자는 국민발의가 성립되어 주목을 받았다. 12만 6천 명의 국민이

서명을 해서 국민투표에 붙여지게 된 것이다. 국민투표 결과는 두고 봐야 하지만, 설사 당장 채택되지 않더라도, 스위스에서 기본소득은 계속 중요한 의제가 될 것이다. 미국에서도 기본소득에 관한 법률안이 제출되고 논의된 적은 여러 차례 있었다.

국가 차원은 아니지만 세계 곳곳에서 실험들이 이뤄지고 있다. 나미비아, 인도 등에서 한정된 숫자의 사람들에게 기본소득을 시범적으로 지급한 실험은 좋은 평가를 받았다.

기본소득을 정책으로 채택하고 있는 정당들

지금은 누구에게나 투표권이 있다는 것이 당연한 상식으로 되어 있지만, 불과 150년 전까지만 해도 "일정한 연령에 도달한 사람 모두에게 투표권이 있다"는 것은 상상에 불과했다. 끊임없는 투쟁을 통해 노동자를 포함한 모든 남성들에게 투표권이 보장되기 시작했다. 그러나 여성에게까지 투표권이 확대된 것은 유럽에서도 불과 100년 전 무렵부터였다.

이런 변화가 자연적으로 이뤄진 것은 아니다. 보통선거권을 주장하는 정치세력, 사회운동집단들이 생겨났고, 치열한 논쟁과 집회, 시위 등이 있었다.

기본소득도 마찬가지 과정을 밟을 수밖에 없다. 많은 사람들이 기본소득을 요구하고, 정당들이 기본소득을 정책으로 채택하게 되면, 기본소득은 점점 더 현실로 다가오게 될 것이다. 그리고 어떤 순간에 폭발적인 확산력을 갖게 될 것이다.

그 첫 단계로, 세계적으로 기본소득을 정책으로 채택하는 정당들이 늘어나는 추세이다. 이들 정당들이 기본소득을 핵심정책으로 채택하는 이유는, 기본소득이 실업, 불안정 노동, 기존 복지제도의 한계에 대한 대안이기도 하면서, 동시에 기본소득을 잘 설계하면 '생태적 전환'을 현실로 만들 수 있는 중요한 수단이 될 수 있기 때문이다. 우선 점점 더 많은 국가의 녹색당들이 기본소득을 정책으로 채택하고 있다. 핀란드, 미국, 스코틀랜드, 아일랜드, 스페인 카탈루냐의 녹색당들이 기본소득을 정책으로 채택하고 있다. 그 중 핀란드 녹색당과 스코틀랜드 녹색당의 사례를 살펴보자.

우선 핀란드 녹색당은 1983년 원내정당이 되었고, 지금 10석의 국회의석이 있는 정당이다. 핀란드는 정당득표율에 따라 의석수를 배분하는 비례대표제를 택하고 있기 때문에 비교적 일찍 국회에 진출을 했다. 그리고 핀란드 녹색당은 일찍부터 기본소득을 공식 정책으로 채택해오고 있다.

핀란드 녹색당에서 기본소득을 강력하게 주창한 사람은 '오스모 소이닌바라'Osmo Soininvaara였다. 그는 핀란드 녹색당의 대표

(2001~2005년)도 맡았고, 2000~2002년에는 연정에 참여하여 사회건강부 장관을 맡기도 했던 인물이다.

오스모 소이닌바라의 주도하에 핀란드 녹색당은 구체적인 기본소득 모형을 만들어 2007년 의회선거당시에 정책으로 발표했다. 당시에 핀란드 녹색당은 매월 440유로를 기본소득으로 지급할 것을 제안했다. 이 정도면 핀란드의 최저생계비의 절반 정도에 해당하는 금액이다. 재원은 주로 세금으로 만드는데, 핀란드 녹색당은 나름대로 계산을 해 보았다. 소득세를 상향조정해서 더 걷고, 몇몇 면세항목을 철회하며, 환경세를 도입해서 재원을 마련한다는 것이다. 그리고 기본소득을 지급하면, 기존의 사회보장제도 중에 일부는 기본소득과 통합하는 것으로 했다. 예를 들면 아동이 있는 가정에 지급하는 아동수당은 기본소득이 지급되면 굳이 따로 지급하지 않아도 된다고 본 것이다.[*]

핀란드 녹색당이 먼저 치고 나오자, 핀란드의 다른 정당들도 기본소득을 공식정책으로 채택하기 시작했다. 좌파연합도 기본소득을 공식정책으로 채택했고, 핀란드의 유력정당인 '중앙당'도 기본소득에 우호적이다.

---

[*] 권정임, 「북구 복지체제의 위기와 핀란드의 기본소득운동」, 강남훈·곽노완 엮음, 『기본소득운동의 세계적 현황과 전망』, 박종철출판사, 2014, 56~57쪽 참조.

복지국가라는 핀란드에서도 청년실업률이 높아지면서, 기본소득에 대한 청년들의 지지율이 80퍼센트에 달한다. 핀란드의 경우에도 청년실업률이 18.9퍼센트에 달하기 때문이다(2012년 기준)[*]. 또한 핀란드 전체 시민들의 기본소득에 대한 지지도 높아지고 있다. 2013년 4월 기준으로 핀란드인의 54퍼센트가 기본소득에 찬성할 정도이다.[**]

한편 스코틀랜드 녹색당의 기본소득 정책도 참고가 된다. 스코틀랜드 녹색당은 스코틀랜드 의회에서 2석을 차지하고 있는 원내 정당이다. 스코틀랜드 녹색당은 16세 미만 어린이 및 청소년에게 주당 50파운드, 16~18세 및 노동가능연령 성인들에게 주당 100파운드, 연금수령자들에게 주당 150파운드를 지급할 것을 제안하고 있다.

한편 영국 녹색당의 움직임도 주목할 필요가 있다. 영국 녹색당은, 소선거구제를 채택하고 있는 영국에서 고전을 거듭하다가, 2010년 최초의 지역구 당선자를 내면서 하원에 진출했다. 2010년 선거 당시에 영국 녹색당은 시민연금citizen's pensions을 정책에 포함시켰다. 영국의 모든 연금수급자들에게 조건 없이(연금납부실적과

[*] 권정임, 앞의 글, 38쪽.
[**] 권정임, 앞의 글, 63쪽.

무관하게) 최저생활을 유지하는 데 필요한 수준의 연금을 지급하자는 것이었다.

유럽의 경우에는 녹색당 외에도 좌파당 등이 기본소득을 정책으로 채택하고 있는 곳들이 많다.

대한민국에서 기본소득을 도입하려면?

대한민국에서도 기본소득에 관한 논의는 계속돼 왔다. 그러나 아직까지는 대중적으로 확산되지 못하고 있다. 『녹색평론』 같은 잡지가 선구적으로 기본소득에 관한 논의를 소개해 왔고, 일부 언론에서 관심을 가지고 보도를 하기도 했다. 그러나 전체 인구로 보면, 아직까지는 기본소득에 대해 아는 사람들이 워낙 소수이다.

결국 대한민국에서도 기본소득은 정치를 통해 사회의 중요한 의제로 떠오르는 수밖에 없다. 따라서 기본소득을 요구하는 사회운동도 필요하고, 기본소득을 정책으로 채택하는 정당도 필요하다.

흔히 사람들은 기본소득을 도입하자고 주장하려면, 세세한 숫자와 법률안까지 필요할 것이라고 생각한다.

그러나 지금 단계에서 기본소득에 대해 세세한 숫자까지 정확하게 제시할 필요는 없다고 본다. 사회운동이나 정치는 '가치'와 '비전'

을 얘기하는 것이 기본이다. 그리고 기본소득에 대한 전반적인 밑그림을 제시하면 된다. 아주 세부적인 숫자들은 어차피 실제로 제도화하는 단계에서 전문가들을 동원해서 만들어야 한다. 사회를 크게 바꿀 수 있는 혁신적인 정책이 만들어지는 과정은 그럴 수밖에 없다.

뒤에서 조세개혁과 관련된 얘기를 어차피 해야 하므로, 실제 있었던 사례 한 가지만 들어보겠다. 현실에서 정책이 어떻게 만들어지는지를 이해하는 데 도움이 될 것이다.

한국에서는 고소득 자영업자들의 '탈세'를 막는 것이 오래된 숙제였다. 신용카드를 사용하는 경우에는 국세청에서 매출을 자동적으로 파악할 수 있지만, 현금을 많이 사용하는 경우에는 탈세를 막기가 어려웠다. 2000년대 초반까지만 해도 현금거래는 기록이 남지 않았기 때문이다.

이런 허점을 막는 방법으로 다양한 아이디어들이 제안되었다. 그 중에 하나가 현금거래를 할 때에도 자동적으로 기록이 남고 국세청이 이를 파악할 수 있게 하자는 것이었다. 이런 아이디어는 1999년 무렵에 시민단체에서 제안을 했었다. 그런데 그 당시에는 국세청 관료들이 이런 저런 이유를 들어서 곤란하다고 했다. 새로운 시스템도 개발해야 하고, 외국에도 이런 사례는 없다는 것이었다.

그런데 재미있는 것은 불과 몇 년 후에 정부가 스스로 현금영수증을 정책으로 채택했다는 것이다. 세부적이고 기술적인 어려움은 그동안 국세청 내부에서 검토해서 해결을 한 상태였다. '현금영수증' 제도의 효과는 획기적이었다. 2005년부터 시행한 현금영수증 제도는 자영업자들이 현금영수증을 점차 의무적으로 발급하게 하고, 납세자들에게는 현금영수증을 발급받은 부분에 대해 세제 혜택을 주는 방식이었다. 납세자들이 세제혜택을 받으려면 현금영수증을 요구하게 되니까, 사업자들도 발급을 안 해 줄 수 없게 되었다. 그 효과는 폭발적이었다. 시행첫해인 2005년에 현금영수증이 발급된 액수는 18조 원을 넘었다. 국세청은 세계 최초로 도입한 현금영수증 제도가 성공했다며 자화자찬을 했다. 2012년에는 현금영수증 발급액이 82.4조 원에 달했다.

이처럼 제도를 만드는 과정에서 세부적이고 기술적인 문제는 늘 있게 마련이다. 그래서 실제로 제도로 도입하는 시점에서는 관료나 전문가들의 역할도 필요하다. 숫자를 계산해보고 법률안을 만들어야 하기 때문이다. 그러나 어떤 제도를 도입할 것인지, 말 것인지를 논의하는 단계에서 모든 것이 완벽하게 준비될 필요는 없다. 그렇게 따지면, 그 어떤 큰 변화도 불가능하다. 사회운동이나 정당(야당의 경우)이 가지고 있는 정보, 활용할 수 있는 전문인력에는 늘 한계가 있을 수밖에 없기 때문이다.

그래서 지금 필요한 것은 큰 틀의 밑그림이다. 이 밑그림을 다듬고 채워나가면 된다.

기본소득의 재원은 어떻게 조달할 수 있나?

기본소득에 관한 토론을 하면, 가장 많이 듣는 질문은 "돈을 어떻게 마련할 수 있는가?" 하는 것이다.

여기에 대해서는 정말 다양한 아이디어들이 나와 있다. 예를 들면, 1977년 노벨경제학상을 받은 제임스 미드는 오랫동안 기본소득에 대해 관심이 있었다. 그는 소득세를 증세하는 방안, 국가가 자산을 소유하는 국가투자기금state investment fund을 마련해서 그곳에서 나오는 수익을 배당하는 방안 등을 제안했다.

그는 1964년에 벌써, 자동화로 인해 일자리가 줄어들면 노동자들이 받는 임금의 몫이 줄어들 수밖에 없다고 보았다. 그럴 경우에는 임금이 아닌 다른 형태로 소득이 지급되지 않으면 불평등이 심화될 수밖에 없다고 걱정했다. 그래서 기본소득을 지급하자는 제안을 했다. 문제는 재원을 어떻게 마련하느냐였다. 제임스 미드가 생각한 방법으로는 고소득자들에 대해서 세율을 올리고, 세금과 관련된 공제혜택을 축소해서 소득세를 더 많이 걷는 것도 있었다.

그 외에도 그는 국가투자기금을 만들어서 그 기금으로부터 나오는 수익으로 배당을 지급하자는 아이디어를 제안했다.

제임스 미드뿐만 아니라, 기본소득을 주장하는 많은 사람들은 세금을 걷어 기본소득의 재원을 마련하자고 제안한다. 세금에는 소비지출에 붙이는 간접세(대한민국의 경우에는 부가가치세, 개별소비세 등의 간접세가 있다)와 소득에 붙이는 직접세가 있다. 어떤 사람은 간접세를 걷어서 기본소득을 지급하자는 주장을 하지만, 앞서 살펴본 것처럼, 허버트 사이먼이나 제임스 미드는 소득세를 주된 재원으로 생각한다.

다른 한편 공유재를 사유화해서 얻은 수익을 환수하여 기본소득을 지급하자는 주장도 계속 있어 왔다. 철학적으로는 토머스 페인의 사상에서부터 뿌리를 찾을 수 있고, 알래스카 주의 '영구기금배당' 같은 현실의 사례도 있다.

또한 앞서 살펴본 것처럼, 기후변화 등에 대응하기 위해 생태부담금을 걷어서 그것을 기본소득(시민배당)으로 지급하자는 주장도 있다.

정부가 화폐를 발행해서 기본소득을 지급하자는 제안도 있다. '사회신용론'으로 불리기도 하는 이 제안은 1910년대부터 클리포드 더글러스라는 사람에 의해 제안되었다. 그리고 1930년대 대공황을 거치면서 많은 주목을 받았다.

이런 다양한 아이디어들 중에 어느 하나만을 선택해야 하는 것은 아니다. 다양한 방식을 검토할 수 있고, 병행해서 사용할 수도 있다. 그리고 국가재정을 활용하더라도, 굳이 새로운 세금을 걷는 것에만 의존할 필요도 없다.

낭비되는 예산, 정당하지 못한 세감면만 줄여도

대한민국의 현실을 보면, 낭비되는 공적인 재원들이 너무 많다. 대한민국의 경우에는 불필요한 도로를 닦고, 건물을 짓고, 댐을 건설하고, 온갖 부패로 찌든 공공사업을 추진하는 데 낭비되는 돈이 너무 많다. 이 돈만 줄여도 기본소득을 지급할 상당한 재원을 확보할 수 있다. 예를 들면 중앙정부와 지방자치단체가 각종 토건사업에 쓰는 예산이 1년에 40조 원 정도 된다. 이 돈의 절반만 줄여도 20조 원을 확보할 수 있다. 이것은 강력한 정부개혁 작업을 통해 이뤄질 수 있지만, 어차피 반드시 해야 할 일이다.

토건예산 외에도 정부예산 속에 있는 문제들은 무척 많다. 중앙정부만이 아니라 공기업, 지방자치단체까지 들여다보면, 문제의 규모는 더 커진다. 이렇게 낭비되는 돈들만 줄여도 상당한 재원을 확보할 수 있다. 반드시 새로운 세금을 걷지 않고도 상당한 재원을 마련할 수 있는 것이다.

또한 조세지출을 줄이면 상당한 재원을 확보할 수 있다. 조세지출이란 말을 처음 들어보는 사람도 있을 것이다. 조세지출이란, 국가가 기업이나 개인에게 세금을 깎아주는 것이다. 방법은 다양하다. 조세감면, 비과세, 소득공제, 세액공제, 우대세율 적용 또는 과세이연 같은 용어들이 나온다. 이 용어들 자체를 이해할 필요는 없다. 온갖 방법으로 세금을 깎아주고 있다고 생각하면 된다. 이 혜택들 중에는 서민에게 돌아가는 것도 있지만 고소득자나 대기업들에게 돌아가는 혜택도 많다. 대한민국의 2014년 조세지출은 무려 33조 원이 넘는다. 그 중 고소득층에 대한 조세지출이 8조 4,624억 원에 달했다. 그리고 상호출자제한기업(대기업 집단에 속한 기업을 의미한다)에 대한 조세지출이 3조 4,281억 원에 달했다. 그렇다면 고소득자나 대기업에 대한 조세지출만 줄여도 최소 11조원 이상의 재원을 확보할 수 있다는 얘기다.

조세지출은 특혜이기 때문에 로비가 작용할 소지도 크다. 세금을 덜 내면, 그만큼 돈을 더 버는 셈이 되기 때문이다. 그래서 대기업들을 위한 조세지출을 한시적으로 도입했다가, 정치권에 대한 로비로 인해 계속 연장된 경우도 많았다.

물론 이런 계산은 좀 거친 계산이다. 그러나 앞서도 말한 것처럼, 거칠게 계산해서 가능하면 가능한 것이다. 그것을 세부적으로 만드는 것은 해 나가면 되는 일이다.

대대적인 조세개혁으로도 많은 재원 확보 가능

앞서 언급한 것처럼, 낭비되는 예산을 줄이고 조세지출만 없애도 꽤 많은 재원을 확보할 수 있다. 그렇지만 세금을 늘리는 '증세'를 하긴 해야 한다. 물론 '증세'를 하려면, 세금에 대해 올바른 철학을 갖추고 정부가 신뢰를 얻는 것이 우선이다.

역사를 보면, 늘 세금은 논란거리였다. 세금 중에는 부당한 세금도 있기 때문이다. 먹고살기도 힘든 사람들에게 짜내는 세금, 부자에게는 안 물리고 가난한 사람에게만 물리는 세금이 있다면 그런 세금은 부당하다. 그러나 다른 한편으로 세금은 '함께 살자'라고 하는 공생共生을 실현하기 위한 수단이기도 하다.

이 말이 어떤 의미인지를 한번 생각해보자. OECD(경제협력개발기구) 각국의 조세수입 통계를 비교한 자료가 매년 발표된다. 이 자료에서 2013년 덴마크의 조세부담률(국내총생산 대비 조세수입 비중. 세금과 의무적 사회보장부담금을 합쳐서 계산)을 찾아보니, 48.6퍼센트로 나와 있다. 덴마크는 요즘 유엔세계행복보고서에서 세계 행복도 1위로 나오며 많은 관심을 끌고 있는 나라이다. 이런 나라의 조

[그림 3-1] 대한민국과 OECD 평균 조세부담률 추이

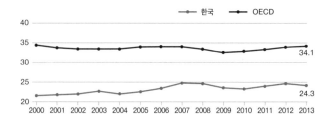

출처: OECD Revenue Statistics 2014.

세부담률은 무척 높다.

대한민국을 찾아보니, 24.3퍼센트(2013년 기준)이다. 정확하게 덴마크의 절반이다. OECD평균은 34.1퍼센트이다. 역시 대한민국보다는 한참 높다. 만약 대한민국이 OECD 평균 조세부담률만큼 세금을 걷는다면 한 해 145조 원(2014년 국내총생산 기준으로 계산)가량을 더 걷게 된다. 만약 대한민국이 덴마크 수준으로 조세부담률을 올린다면 지금보다 361조 원을 더 걷게 된다.

이처럼 대한민국의 조세부담률은 낮은 편이다. 그런데도 왜 조세저항이 심할까? 그것은 조세부담이 공평하지 못하고 투명성이 낮기 때문이다.

덴마크는 소득세가 전체 세금에서 아주 큰 비중을 차지한다. 전

[그림 3-2] **국내총생산(GDP)에서 개인소득세가 차지하는 비중 (2012년 기준)**

구분	개인소득세가 차지하는 비중
20%대	**덴마크(24.2%)**
10%대	아이슬란드(14.2%), 핀란드(13.0%), 벨기에(12.6%), 스웨덴(12.5%), 뉴질랜드(12.4%), 이탈리아(12.1%), 캐나다(11.2%), 호주(10.4%)
7~9%대	오스트리아(9.9%), 노르웨이(9.9%), 영국(9.7%), 독일(9.6%), 아일랜드(9.5%), 미국(9.0%), 스위스(8.9%), 룩셈부르크(8.3%), 네덜란드(8.3%), 프랑스(8.2%), 스페인(7.4%)
4~5%대	포르투갈(5.9%), 슬로베니아(5.9%), 이스라엘(5.7%), 일본(5.4%), 에스토니아(5.3%), 헝가리(5.3%), 그리스(4.8%), 폴란드(4.5%), **대한민국(4.0%)**, 터키(4.0%)
2~3%대	체코(3.8%), 슬로바키아(2.7%)

출처: 국회 예산정책처, 「글로벌 금융위기 이후 OECD 국가들의 세제개편 동향 연구」, 2015, 43쪽을 참고하여 작성.

체 조세수입의 62퍼센트를 개인들이 벌어들이는 각종 소득에서 징수한다. OECD 국가 중에서도 가장 높은 수준이다. 국내총생산에서 개인소득세가 차지하는 비중을 봐도 최고 수준이다. 국내총생산의 24.2퍼센트를 개인소득세로 걷는다. 반면에 대한민국의 경우에는 국내총생산의 4.0퍼센트만을 개인소득세로 걷는다.

그리고 덴마크의 경우 고소득자는 최고 56.2퍼센트(지방세 포함)의 소득세율을 적용받는다. 많이 벌면 진짜 많이 내는 것이다. 그런데 대한민국의 경우에는 소득세 최고세율이 41.8퍼센트(지방세 포함)에 불과하다.

세율이 높지만 덴마크에서 탈세를 하기란 어렵다. 투명성이 높기 때문이다. 2014년에 덴마크는 국제투명성기구TI가 발표하는 반부패 지수에서도 세계 1위의 투명성을 자랑했다. 대한민국은 43위에 그쳤다.

대한민국에서는 재벌을 비롯한 부자들이 변칙·상속증여와 탈세를 흔히 해 왔다. 게다가 세금을 쓰는 과정도 투명하지 못하다. 온갖 예산낭비가 저질러지고 있다. 그래서 낮은 조세부담률에도 불구하고, 대한민국 국민들에게는 '세금폭탄론'이 잘 먹혀 들어간다. 불공평한 세금을 왜 나한테만 많이 걷어가느냐는 것이다. 그리고 세금을 엉터리로 쓰면서, 왜 많이 걷어가려고 하느냐는 것이다.

'함께 살자'는 철학으로 세금─기본소득을 연계하자

그러나 국가가 없어지지 않는 이상 세금은 필요하다. 그런 점에서 조세저항을 불러일으키는 '세금폭탄론'은 바람직하지 않은 게 사실이다.

지금 필요한 것은 세금에 대한 철학을 바로 세우는 것이다. 공평하게 부담하는 세금은 재산을 빼앗기는 것이 아니다. 사회 공동체의 구성원으로서 마땅한 몫을 내는 것이다. 토지 같은 공유재는 본래 인간이 만든 것이 아니라 자연의 일부였다. 그래서 그런 공유재를 통해 이익을 얻는 경우에는 당연히 사회에 일정한 몫을 내야 한다. 그것이 토지보유세나 부동산 관련 세금을 내는 이유이다.

소득세도 마찬가지이다. 자기 자신만 잘나서 돈을 버는 것이 아니다. 따라서 소득의 일정 부분을 사회공동체에 세금으로 내는 것은 당연한 일이다.

이렇게 걷은 돈을 사회공동체를 위해 투명하게 사용하면 된다. 모든 사람들에게 최소한의 인간다운 삶을 보장하고, 사회공동체를 위해 필수적인 일을 잘 수행하며, 사회적 약자를 지지하고, 생태위기를 극복하는 방향으로 돈을 쓴다면 누가 세금 자체에 대해 저항을 하겠는가?

이제는 조세정책에 이런 철학이 담겨야 한다. 그리고 투명하게 써야 한다. 투명하게 쓰는 가장 확실한 방법은 기본소득을 지급하는 것이다. 걷은 세금을 그대로 시민들에게 나눠주는 것만큼 투명한 방법은 없다.

한번 해 보자, 기본소득

지금까지 논의한 것을 종합하여, 기본소득에 대한 밑그림을 나름대로 제시해 본다. 재원을 마련하는 방안과 얼마를 지급할 것인지로 나눠서 정리해 본다.

우선 재원은 아래의 세 가지로 마련한다.

① 증세: 현재의 낮은 조세부담률을 OECD 평균 수준(34.1%)으로 끌어올리되, 더 내는 세금은 기본소득에 대한 재원으로 사용한다. 조세부담률을 OECD 평균 수준으로만 끌어올려도 145조 원의 재정이 확보된다. 구체적으로는 부동산 개발이익을 환수하고, 부동산 임대소득에 대한 과세를 강화한다. 또한 금융(이자·배당)소득에 대한 과세 강화, 소득세 최고세율을 50퍼센트 이상으로 상향조정, 법인세율 상향조정, 탈세 근절, 토지보유세 강화, 상속·증여세 강화, 부유세 도입 등을 추진한다.

② 기존 재정 활용: 토건예산 등 예산낭비를 근절하고, 고소득층과 대기업에 대한 조세지출(세감면)을 폐지하며, 세금감면제도(지방세 포함)를 정비한다. 그리고 지금 만 65세 이상 노인에게 지급하는 기초연금과 영유아 양육에 지급하는 양육수당(0~5세 아동을

가정에서 돌볼 경우에 월 10~20만 원을 지급하고 있음)은 기본소득과 통합할 수 있기 때문에 그 재정도 활용할 수 있다. 참고로 2015년 보건복지부 예산안에서 기초연금 예산은 7조 5,824억 원, 양육수당은 1조 1,018억 원이었다. 이처럼 예산낭비 근절, 조세지출 정비, 중복되는 예산 통합을 통해 최소 40조 원 이상의 재정을 마련한다.

③ 생태부담금 징수: 온실가스 배출, 원전의 핵연료 사용, 공장식 축산, 폐기물 배출, 지하수의 상업적 사용 등에 대해 생태부담금을 징수함으로써 이를 억제해 나간다. 생태부담금의 규모가 어느 정도 될 것인지에 대해서는 앞으로 좀 더 정확하게 추산을 해 봐야 할 것이지만, 제대로 걸을 경우에는 엄청난 규모가 될 것이다. 온실가스 배출 하나만 가지고 예를 들어보면 이렇다. 2011년 대한민국의 온실가스 총배출량이 6억 9천 7백만 톤 정도인데, 여기에 미국의 기후변화 시민로비단이 주장하는 것처럼 1톤당 15달러를 붙이면 10조 원이 넘는 재원이 된다. 기후변화 시민로비단은 매년 10달러씩을 추가인상하자고 하는데, 그렇게 하면 제도 도입 2년 차에는 15조 원이 넘고, 3년 차에는 20조 원이 넘어갈 것이다. 물론 이렇게 부담금을 붙이면 온실가스 배출량이 감소할 것이므로 액수는 어느 시점이 되면 정체되거나 감소할 수 있다. 그렇지만 온실가스 배출 하나에만 제대로 부담금을 붙여도 상당한 재원이 마련될

수 있다는 것을 알 수 있다. 어쨌든 생태부담금 제도를 통해 최소 10조 원 이상의 재정을 확보한다. 기존에 유사한 제도가 있는 경우에는 이를 대폭 강화한다.

위와 같이 대략 계산해도 195조 원 이상의 재정이 확보된다. 이 정도면 모든 시민들에게 최소 30만 원 이상은 지급할 수 있다. 실제 거주하는 인구를 5천만 명으로 잡을 때, 180조 원(월 30만 원 × 12개월 × 5,000만 명)이면 매월 30만 원씩을 지급할 수 있기 때문이다.

그리고 일정액수는 지방자치단체가 지급하는 방법도 있다. 지방자치단체의 주민 1인당 예산액을 뽑아보면, 농촌지역 기초지방자치단체의 경우에는 주민 1인당 지출 예산액이 연간 400만 원을 넘어가는 경우가 많다. 광역지방자치단체가 지출하는 것까지 합치면 더 많은 액수일 것이다. 이 돈 중 많은 부분이 토건사업에 낭비되고 있다. 이 돈을 차라리 주민들에게 그냥 나눠주는 것이 낫지 않을까? 그리고 이 돈을 지역 내에서만 유통되는 화폐 형식으로 지급한다든지 하면, 지역경제를 활성화시키는 효과도 있을 것이다.

이런 식으로 생각해보면, 월 40만 원을 지급하는 것이 불가능하지 않다. 지금까지 설명한 것은 약간 보수적으로 계산한 것이기 때문이다. 조세부담률을 OECD 평균 수준으로 잡았을 때에 증세 가능한 액수가 145조원이라고 했는데, 조세부담률을 OECD 평균보다 조금 더 높이는 방법도 있다. 생태부담금의 경우에는 매년 액수를 올리게 되는데, 그렇게 되면 징수하는 액수가 어느 규모까지는 늘어날 가능성이 높다. 이런 점까지 감안하면 월 40만 원이 불가능한 액수는 아니다.

너무 적어도, 너무 많아도

반대로 월 40만 원이 너무 적지 않느냐고 생각할 수도 있다. 이와 관련해서는 국내외에서 다양한 논의와 제안들이 있다.

국내에서 강남훈 교수는 월 30만 원을 얘기하고 있다. 재원조달 문제를 고려할 때, 좀 낮은 금액으로 시작하는 것이 좋다는 의견이다. 월 30만 원이 적게 느껴질 수 있지만, 1인당 월 30만원이다. 그리고 지금 노인들에게 지급되는 기초연금이 최대 월 20만 원 수준인 것을 생각하면, 그것보다 더 많은 금액이다. 부부 노인의 경우에는 합쳐서 기초연금이 월 32만 원이 최대인 것을 생각하면 2배 정도로 높아지는 것이다. 2인 가구면 60만 원이고, 3인 가구면 90만원, 4인 가구면 120만 원이 되기 때문이다. 이런 돈이 매달 계좌에 꼬박꼬박 들어온다고 생각해보라. 월 30만 원도 적은 금액은 아니다.

만약 농촌에 거주하는 4인 가구가 월 120만 원의 현금수입이 고정적으로 생긴다면, 그것은 엄청난 변화이다. 갓 귀농한 소농 가구의 연간 소득보다 더 많은 금액일 수 있다. 2011년 농가의 가구당 평균 농업소득이 연간 875만 원인 것을 봐도 그렇다.

나도 너무 많은 금액으로 시작하는 것은 바람직하지 않다고 생각한다. 재원조달 문제뿐만 아니라 생태적 측면도 고려해야 하기 때문이다. '바티스트 밀롱도'도 기본소득 지급액수를 정할 때에 생태적인 측면을 고려해야 한다고 주장한다. 그래서 그는 과도한 기본소득 액수를 주장하는 것은 기만적이라고 주장한다[*]. 앞서 2장에서도 언급한 것처럼, 기본소득은 '탈성장'의 방향으로 가기 위한 입구이다. 따라서 기본소득을 과도하게 지급하자는 것은 현실성도 없고 생태적 측면을 고려하지 않은 것이다.

그래서 일단 높지 않은 금액으로 기본소득을 시작하는 것이 바람직하다. 2007년 기본소득 모델을 발표한 핀란드 녹색당의 경우에도 핀란드 최저생계비의 절반 수준인 440유로 정도를 제시했다.

다만, 도시지역의 경우 월 30만 원은 1인 가구가 생활하기에 너무 적은 금액이다. 그래서 이 책에서는 일단 월 40만 원을 제안한다.

---

[*] 바티스트 밀롱도, 앞의 책, 48~49쪽 참조.

이 정도는 노력하면 재원을 만들 수 있다고 본다. 물론 지급금액의 수준은 앞으로 계속 논의가 필요한 주제이다.

그리고 빈곤 가구, 1인 가구 등의 주거를 해결하기 위한 주거정책은 별도의 고민이 필요하다. 기본소득 외에 일종의 기본주거 정책이 필요한 것이다. 이를 위해서는 공공임대주택 공급 확대, 부동산 임대소득에 대한 고강도의 과세, 1인 가구에 대한 저렴한 공동주거 공간 확보 등의 정책이 필요할 것이다. 또한 궁극적으로는 대도시에 집중된 인구가 분산되면 주거문제를 풀기가 쉬워질 것이다. 기본소득이 지급되면 귀농, 귀촌이 활성화되고, 이를 통해서 대도시의 주거문제도 어느 정도 완화될 수 있을 것이다.

지금 필요한 조세개혁의 밑그림

재원마련 방안 중에서 '증세' 부분에 대해서만 보충설명을 하겠다. 지금 필요한 조세개혁은 '조세혁명'이라고 할 정도로 전면적일 필요가 있다. 한국은 조세부담률이 낮을 뿐만 아니라, 온갖 로비로 조세제도가 굉장히 왜곡되어 있는 국가이다. 여기서는 반드시 해야 할 조세개혁의 몇 가지 방향을 제시한다.

첫째, 토지보유에 대한 과세를 강화하고 부유세 도입을 검토해야 한다. OECD도 대한민국에 대해 부동산 보유세를 강화할 것을 권고하고 있다. 앞서도 계속 언급했지만, 토지는 본래 공유재이다. 그런데 대한민국에서는 토지가 완전히 사적 소유의 대상이 되어, 토지투기가 성행하고 개발이익을 토지소유주가 차지해 왔다. 그리고 땅값이 너무 올랐다. 이래서는 땅이 꼭 필요한 사람들이 너무 비싸서 땅을 살 수가 없다. 지금도 토지를 많이 소유하고 있는 경우에는 종합부동산세를 내지만, 그 수준이 약하다. 따라서 토지보유세를 강화할 필요가 있다. 특히 농민이 아닌 사람이 소유하고 있는 농지의 경우에는 보유세를 특히 강화해야 한다. 그래서 헌법에 나와 있는 '경자유전'의 원칙을 지켜야 한다.

한편 토지뿐만 아니라 건물, 금융자산 등을 합쳐서 일정 규모 이상의 자산을 보유하고 있는 사람에게 부유세를 과세하는 것도 검토해 볼 수 있다. 부유세란 일정액 이상의 자산을 소유하고 있는 사람에게 부과하는 세금이다. 대한민국처럼 자산불평등이 심각한 사회에서는 검토해 볼 필요가 있는 방안이다. 토마 피케티도 『21세기 자본』에서 부유세 도입을 제안하고 있다.

둘째, 부동산임대소득과 금융자산(주식·채권·예금 등)에서 발생하는 소득에 대한 과세를 강화해야 한다. 특히 일정 금액 이상의 부동산 임대소득에 대해서는 최고 80~90퍼센트의 세율로 과세하는 것도 생각해야 한다. 약간의 부동산 임대소득을 얻는 경우를 말하는 것이 아니다. 주택이나 상가를 다수 소유하고 있으면서 과도한 부동산임대소득을 얻는 것은 정당화될 수 없다. 비싼 주택이나 상가건물의 가치는 건축에서 나왔다기보다는 토지의 위치에서 나온 것이다. 이것은 공유재로부터 나온 불로不勞수익이므로 환수해야 한다. 그동안 부동산임대소득에 대해 과세를 강화하자고 하면, "세금을 임차인에게 전가시킬 것"이라는 게 반대논리의 핵심이었다. 그렇다면 임대료를 더 받아봐야 소용없을 정도로 강하게 과세를 해야 한다. 월 1,000만 원의 임대소득을 얻는 임대인이 100만원의 월세를 더 받으면, 더 받는 돈의 80~90퍼센트는 추가로 세금을 내게 하자는 것이다. 이런 과감한 조치가 필요하다.

이자소득이나 배당소득을 많이 올리는 사람에 대한 과세도 대폭 강화해야 한다. 2015년부터 정부가 배당소득을 많이 받는 대주주가 오히려 낮은 세율(25%)로 세금을 낼 수 있도록 특혜를 주고 있는데, 이런 부분은 당연히 폐지해야 한다. 그리고 근로소득보다 더 많은 세금을 내도록 해야 한다.

셋째, 상속·증여세에 대한 과세를 강화해야 한다. 상속과 증여는 부의 불평등을 대물림하는 수단이다. 반면에 상속세율은 아무리 높아도 경제에 미치는 영향은 별로 없다. 1930년대부터 1980년대까지 미국의 최고상속세율은 70~80퍼센트였지만, 당시에 미국 경제는 문제가 없었다.* 지금은 최고 50퍼센트 세율로 되어 있는 대한민국의 상속세·증여세 세율을 올리고, 상속재산에 대한 공제도 줄여야 한다. 지금은 상속재산에 대한 공제액이 너무 커서, 전체 사망자 중에 상속세를 내는 비율이 1~2퍼센트에 그칠 정도로 상속세가 약하다.

넷째, 소득세 최고세율을 올려야 한다. 토마 피게티는 "연간 50만 달러에서 100만 달러의 소득에 대해 약 80퍼센트의 세율을 부과한다면 미국의 경제성장을 둔화시키지 않을 뿐 아니라, 경제적으로 무익한(심지어 해로운) 행위를 합리적으로 억제하고 실제로 성장의 과실을 더욱 널리 분배할 수 있을 것이다"라고 주장하면서 80퍼센트의 최고세율을 제안하고 있다. 연간 20만 달러 이상의 소득에 대해서는 50~60퍼센트의 세율을 제안한다**. 그런데 대한민국의 소득세 최고세율은 지방세를 포함해도 41.8퍼센트에 불과하다. 소득세 최고세율을 올려야 한다.

---

* 토마 피게티,『21세기 자본』, 장경덕 외 옮김, 글항아리, 2014, 601~604쪽 참조.
** 토마 피게티, 앞의 책, 614~615쪽 참조.

다섯째, 법인세율도 상향조정해야 한다. 대한민국의 법인세율은 지방세를 포함해도 24.2퍼센트 수준이다. 이것은 미국(39.1%), 일본(37.0%), 프랑스(34.4%), 벨기에(34.0%), 포르투갈(31.5%), 독일(30.2%), 호주(30.0%), 멕시코(30.0%), 스페인(30.0%)보다 훨씬 낮은 수준이다.

여섯째, 탈세를 근절해야 한다. 아직도 대한민국에서는 소득이 제대로 파악되지 않는 사람들이 많다. 특히 고소득 자영업자들이나 기업들의 탈세를 막는다면 많은 재원을 확보할 수 있다. 현금영수증 제도 덕분에 현금거래가 많이 투명해졌지만, 아직도 사각지대들이 많다. 불투명한 거래를 막고, 변칙 상속·증여, 부동산투기 등에 대해서는 철저하게 조사해서 강력하게 제재를 해야 한다.

이런 조세개혁은 기본소득(시민배당)을 위한 재원마련 차원에서만이 아니라, 본래 필요한 개혁이기도 하다.

담대하게 접근하자

'진보'라고 하는 사람들 중에서도 기본소득에 필요한 재정의 숫자를 보면 놀라는 사람들도 있다. 대한민국 중앙정부의 연간 재정 규모가 2015년에 376조 원 규모이기 때문이다.

그러나 지금의 대한민국 현실이 얼마나 엉망인지를 감안하면, 기존의 숫자에 제한될 필요가 없다. 담대하게 접근해야 한다. 대한민국이 얼마나 불평등이 심하고, 얼마나 반생태적인가? 그것을 바로잡기 위해서는 근본적인 변화가 불가피하다. 그래서 기본소득 같은 방안이 필요한 것이다.

다른 한편으로, 세금이나 정부에 대한 불신을 걱정하는 이들도 있다. 그래서 투명성이 중요하다. 앞에서 얘기한 방식으로 재원을 마련하면, 그 재원은 모두 기본소득특별회계로 통합을 해야 한다. '특별회계'란 정부가 특정한 목적으로만 돈을 쓰기 위해 만드는 것이다.

특별회계는 목적세와 연결되는 경우가 많다. 목적세란, 세금을 걷을 때부터 특정한 목적으로만 쓰겠다고 약속하고 걷는 것이다. 기본소득 재원마련을 위해 세금으로 더 걷는 부분은 목적세 형태로 걷어서 기본소득특별회계에 집어넣으면 된다. 생태부담금으로 걷는 부분도 기본소득특별회계에 집어넣으면 된다.

그리고 기본소득특별회계로 매년 들어오는 돈을 정확하게 시민들에게 배당으로 나눠주면 된다. 이렇게 하면 시민들이 자발적으로 탈세나 예산낭비를 감시하게 되는 효과도 있을 것이다. 탈세가 줄어들고 예산낭비를 줄여야 그만큼 기본소득으로 지급받는 돈도 늘어날 수 있기 때문이다.

한편, 기본소득을 한꺼번에 전면적으로 도입하기 어렵지 않겠느냐는 우려도 있다. 기본소득을 단계적으로 도입하는 문제는 검토하고 논의할 수 있는 주제 중의 하나이다. 그러나 궁극적으로 기본소득은 모두에게 조건 없이 지급되어야 한다. 이런 목표는 분명하게 할 필요가 있다.

무엇을 할 것인가?

지금까지 기본소득이라는 주제에 대해 '시민배당'이라는 본질적 측면에 대해서도 얘기하고, 기본소득이 불러일으킬 변화에 대해서도 상상을 해 보았다. 그리고 어떻게 현실로 만들 수 있는지에 대해서도 밑그림을 그려 보았다. 물론 부족한 것은 많을 것이다. 그러나 빈 구석은 앞으로 채워나가면 된다.

결국은 정치가 중요하다. 유럽에서는 기본소득을 현실로 만들기 위한 서명운동이 벌어지고 있다. 정치적 의제로 만들기 위한 노력이다. 또한 세계 곳곳에서 여러 정당들, 사회운동단체들, 양심적 지식인들이 기본소득을 현실로 만들기 위해 노력하고 있다.

19세기 영국에서는 '모든 사람들에게 투표권'을 보장할 것을 요구하던 차티스트Chartist 운동이 일어났다. 이들은 정치에 참여할 수 있는 자격이 배제된 사람들에게는 국회에서 만든 법률이 '폭군의 입법'에 지나지 않는다고 주장했다.

지금 소득을 벌 수 있는 기회에서 배제되고, 빈곤의 늪에 빠진 수많은 사람들이 있다. 우리가 살고 있는 지구는 생태위기의 소용돌이 속으로 빨려 들어가고 있다. 이런 상황을 방치하고 있는 지금의 정치는 그 자체로 폭력이다.

정치를 바꿔야 한다. 근본적으로 바꿔야 한다. 기본소득은 그런 정치의 변화와 함께 현실이 될 것이다.

그것을 위해서는 기본소득에 대해 많은 사람들에게 알리고, 함께 꿈꾸고, 유인물을 나눠주고, 피켓을 들고, 집회에 참여하고, 정당과 사회운동에 참여하는 것이 필요하다. 지금까지 세상은 그렇게 바뀌어 왔고, 앞으로도 그럴 것이다.

기본소득에 동의한다면 말하고 행동해야 한다. 지금부터.

몇 가지 질문에 대한 대답

· **기본소득은 국적자에게만 지급되는 것인가?**

기본소득을 지급할 때에, 거주요건만 충족하면 되지, 국적을 요건으로 할 필요는 없다. 일정 기간 이상을 거주한 외국인에게도 기본소득은 지급되어야 할 것이다. 반대로 해외에 나가 있는 사람은 대한민국 국적이라도 지급대상에서 제외되어야 할 것이다. 현재 이 땅에서 사회공동체를 이루고 있는 사람이 기본소득을 받는 것이 맞기 때문이다. 참고로 브라질의 시민기본소득법(안)에서는 5년 이상 거주한 외국인들을 기본소득 지급대상에 포함시킨 바 있다.

· **기본소득과 복지제도, 최저임금과의 관계는?**

기본소득을 지급한다고 해서 기존의 사회복지제도가 전부 없어지는 것은 아니다. 기본소득을 기존 사회복지제도의 대체물로 생각하는 사람도 있을 수는 있지만, 지금 대한민국 현실에서 그것은 올바른 방향이 아니다. 대한민국은 복지제도가 워낙 취약하기 때문이다.

따라서 기본소득은, 기존의 사회복지제도를 유지한 상태에서 지급되는 것으로 생각하면 된다. 다만, 기초연금이나 양육수당 같은 경우에는 일종의 노인기본소득, 아동기본소득으로 볼 수 있으므로 기본소득과 통합할 수 있을 것이다. 그 외의 사회복지제도는 일단 유지되는 것이 바람직하다.

또한 기본소득은 생활임금과 연계해서 추진되어야 한다. 자칫 기본소득의 지급이 저임금착취를 용인하는 것이 되어서는 안 되기 때문이다. 기본소득을 주장하는 외국의 녹색당들도 생활임금 보장을 정책으로 제시하고 있다. 임금노동을 하는 노동자들은 정당한 대우를 받아야 한다. 기본소득은 비노동소득으로, 노동소득과는 별개의 소득이다.

• 기본소득은 인플레이션을 일으키지 않나?

기본소득이 인플레이션을 초래하지 않느냐는 의문도 있다. 그러나 기본소득의 재원을 앞서 제안한 것처럼, 증세, 기존 공공재원 활용, 생태부담금 부과의 방법으로 마련하면, 통화량을 증가시키는 것이 아니므로 인플레이션 문제는 없다. '사회신용론'에 입각해서 화폐를 발행하더라도, 화폐발행량을 조정하면 인플레이션이 반드시 유발되는 것은 아니다.

• 기본소득을 받으면 게을러진다?

앞서 언급한 것처럼, 기본소득의 지급액이 그렇게 많이 높기는 어렵다. 따라서 기본소득을 받는다고 해서 급속하게 사람들이 게을러지고 노동을 하지 않을 것이라는 가정은 비현실적이다. 월 40만 원을 받는다고 해서 일자리를 곧바로 그만둘 사람이 얼마나 되겠나? 물론 개인의 선택에 따라서 노동시간이 줄어들 수 있고, 가난을 감내하면서 임금노동이 아닌 다른 일을 할 수도 있다. 자원봉사 활동을 할 수도 있고, 사회운동이나 정치에 참여할 수도 있다. 이런 변화는 사회적으로 나쁜 것이 아니다.

• 부자에게도 지급해야 하나?

기본소득은 부자에게도 지급해야 한다. 기본소득이 사회공동체 구성원의 자격으로 배당을 받는 것이라고 생각한다면, 부자든 가난하든 받는 것이 당연하다. 모두가 평등하고 동등하기 때문이다. 다만, 고소득자들은 기본소득으로 지급받은 금액의 절반 이상을 세금으로 내게 될 수도 있다.

생태적 전환과 해방을 위한 기본소득

나는 국가로부터 배당받을 권리가 있다

초판 1쇄 발행 2015년 3월 16일
초판 4쇄 발행 2021년 6월 21일

지은이 하승수
펴낸이 오은지
책임편집 변홍철
디자인 박대성 이수정
펴낸곳 도서출판 한티재 | 등록 2010년 4월 12일 제2010-000010호
주소 706-821 대구시 수성구 달구벌대로 492길 15
전화 053-743-8368 | 팩스 053-743-8367
전자우편 hantibooks@gmail.com | 블로그 www.hantibooks.com

ⓒ 하승수 2015
ISBN 978-89-97090-44-0 04340
ISBN 978-89-97090-40-2 (세트)

이 도서의 국립중앙도서관 출판예정도서목록(CIP)은 서지정보유통지원시스템
홈페이지(http://seoji.nl.go.kr)와 국가자료공동목록시스템(http://www.nl.go.kr/kolisnet)에서
이용하실 수 있습니다. (CIP제어번호: CIPCIP2015007245)